Infographie : Chantal Landry
Révision : Sylvie Massariol
Correction : Élyse-Andrée Héroux
et Céline Vangheluwe
Les photos de ce livre sont de Shutterstock.

DISTRIBUTEURS EXCLUSIFS :

Pour le Canada et les États-Unis :
MESSAGERIES ADP*
2315, rue de la Province
Longueuil, Québec J4G 1G4
Tél. : 450-640-1237
Télécopieur : 450-674-6237
* filiale du Groupe Sogides inc.,
filiale de Québecor Média inc.

Pour la France et les autres pays :
INTERFORUM editis
Immeuble Paryseine, 3, allée de la Seine
94854 Ivry CEDEX
Tél. : 33 (0) 1 49 59 11 56/91
Télécopieur : 33 (0) 1 49 59 11 33
Service commandes France Métropolitaine
Tél. : 33 (0) 2 38 32 71 00
Télécopieur : 33 (0) 2 38 32 71 28
Internet : www.interforum.fr
Service commandes Export – DOM-TOM
Télécopieur : 33 (0) 2 38 32 78 86
Internet : www.interforum.fr
Courriel : cdes-export@interforum.fr

Pour la Suisse :
INTERFORUM editis SUISSE
Case postale 69 – CH 1701 Fribourg – Suisse
Tél. : 41 (0) 26 460 80 60
Télécopieur : 41 (0) 26 460 80 68
Internet : www.interforumsuisse.ch
Courriel : office@interforumsuisse.ch
Distributeur : OLF S.A.
ZI. 3, Corminbœuf
Case postale 1061 – CH 1701 Fribourg – Suisse
Commandes : Tél. : 41 (0) 26 467 53 33
Télécopieur : 41 (0) 26 467 54 66
Internet : www.olf.ch
Courriel : information@olf.ch

Pour la Belgique et le Luxembourg :
INTERFORUM BENELUX S.A.
Fond Jean-Pâques, 6
B-1348 Louvain-La-Neuve
Téléphone : 32 (0) 10 42 03 20
Télécopieur : 32 (0) 10 41 20 24
Internet : www.interforum.be
Courriel : info@interforum.be

Gouvernement du Québec – Programme de crédit d'impôt
pour l'édition de livres – Gestion SODEC –
www.sodec.gouv.qc.ca

L'Éditeur bénéficie du soutien de la Société de
développement des entreprises culturelles du Québec pour
son programme d'édition.

 Conseil des Arts   Canada Council
du Canada   for the Arts

Nous remercions le Conseil des Arts du Canada de l'aide
accordée à notre programme de publication.

Nous reconnaissons l'aide financière du gouvernement du
Canada par l'entremise du Fonds du livre du Canada pour nos
activités d'édition.

09-12

Dépôt légal : 2012
Bibliothèque et Archives nationales du Québec

ISBN 978-2-7619-3391-9

SUZANNE VALLIÈRES

Les Psy-trucs

pour les ados

LES ÉDITIONS DE
L'HOMME
Une société de Québecor Média

À Michel, mon partenaire de vie
et le père de mes trois enfants.

Qu'est-ce que l'adolescence ?

Ce bébé que vous avez tenu dans vos bras, que vous avez bercé, consolé et qui vous a parfois fait passer des nuits blanches... Cet enfant qui a fait ses premiers pas sous vos applaudissements et que vous avez encouragé à ses premiers essais à vélo ou en patins... Celui que vous avez accompagné à sa première journée à la maternelle ou à la « grande école », les yeux pleins d'eau... Ce bambin qui vous racontait ses journées, ses peurs, ses joies et ses peines... Ce jeune qui, jusqu'à tout récemment, vous faisait spontanément des câlins et des bisous... est soudainement devenu silencieux, distant, revendicateur ou opposant ? Il est probablement rendu à l'une des étapes les plus importantes de sa vie : l'adolescence.

Cette période, qui a la réputation d'être difficile, tout parent l'appréhende. Ce n'est pas pour rien qu'on l'appelle souvent « crise d'adolescence » ! « Tu as deux ados... Ouf ! Bon courage ! » « Attends quand les tiens seront ados, tu verras... » « Ça ne sera pas beau à l'adolescence ! » Voilà le genre de commentaires couramment entendus, signes que l'adolescence est vue comme une phase trouble, mouvementée et pas simple à vivre, tant pour les parents que pour les enfants. Et pourquoi ? Pour plusieurs raisons.

Une partie de la réponse vient du fait que cette étape de la vie est caractérisée, d'une part, par une *humeur très changeante* chez l'adolescent, qui est soumis à des bouleversements hormonaux et psychologiques très importants et, d'autre part, par une certaine déstabilisation des parents, qui ne sont pas tout à fait préparés à faire face à ces changements ou qui ne comprennent pas toujours ce qui se passe et ont l'impression de perdre le contrôle.

Entre l'enfance et l'âge adulte

L'adolescence est une période de transition qui s'échelonne généralement de 13 à 19 ans. Le terme « adolescence » vient du verbe latin *adolescere*, qui signifie « grandir vers », alors que le mot « adulte » vient d'*adultus*, qui signifie « qui a fini de grandir ». Le dictionnaire *Larousse* donne pour sa part la définition suivante :

Adolescence

> *« Période de la vie entre l'enfance et l'âge adulte pendant laquelle se produit la puberté [...]. »*

L'adolescence marque donc l'apogée de la *puberté*. Pendant cette puberté, le corps se met à produire une plus grande quantité d'hormones sexuelles (œstrogènes chez les filles et testostérone chez les garçons), d'où l'apparition de changements physiques évidents. Jamais, depuis sa première année de vie, l'enfant n'aura connu une période aussi intense et accélérée de transformations sur les plans physique, social et affectif. Comme l'expliquait Françoise Dolto (pédiatre et psychanalyste française réputée), l'adolescence est en quelque sorte « une seconde naissance » qui se fait progressivement. C'est une mutation importante.

Tout cela a une incidence sur le comportement ou le caractère de notre jeune, qui est en crise d'identité et affiche souvent une attitude difficile à gérer. Irritabilité, timidité, agitation, fierté, écarts de conduite et multiples changements d'humeur sont quelques-unes des caractéristiques associées à cet âge. Comme les émotions ressemblent alors souvent à des montagnes russes, bien des parents se sentent pris au dépourvu, désarçonnés.

Quel est le profil type de l'adolescent ?

Plusieurs études semblent indiquer qu'environ 80 % des ados traversent cette étape de leur vie sans trop de troubles ou de turbulences. Certains sont, tout compte fait, bien dans leur peau, confiants, optimistes, et trouvent leur vie familiale satisfaisante. S'ils sont indécis face à leur avenir, cela ne semble pas trop les stresser alors ils laissent aller les choses. Les conflits peuvent être présents, mais, dans leur cas, ils sont souvent intériorisés et éphémères. Bref, ces jeunes acquièrent plus d'autonomie et d'indépendance, ils vivent diverses remises en question ou confrontent leurs parents au sujet de certaines règles, mais sans plus. L'intensité de ces manifestations varie évidemment selon la personnalité de chacun.

Chez 20 % des jeunes, toutefois, l'adolescence représente une période plus mouvementée. Plusieurs d'entre eux sont inquiets ou anxieux vis-à-vis de leur avenir ; ils éprouvent des difficultés à l'école, sont mal dans leur peau et ressentent énormément le besoin de s'opposer, de revendiquer et de tester les limites qu'on leur donne. Certains ont des difficultés sur le plan affectif ou social, et quelques-uns vivent malheureusement des problèmes plus sérieux : surconsommation de drogue ou d'alcool, fugues, dépression, délinquance...

La crise d'adolescence : différente selon le sexe ?

Plusieurs études indiquent que les filles et les garçons vivent différemment la crise d'adolescence, et cela transparaît dans leurs comportements et leurs difficultés. Les filles vivent cette période plus intérieurement que les garçons ; elles ont plus d'« états d'âme », sont plus dépressives et souffrent beaucoup plus de troubles liés au corps ou à l'alimentation (boulimie, anorexie). Les garçons sont généralement plus extravertis ; ils s'expriment beaucoup plus par l'impatience, l'agressivité, la confrontation et la prise de risques (délinquance, alcool, drogue...).

Alors que ces derniers sont à l'apogée de leur crise vers 16-17 ans, les filles la vivent plus jeunes, soit généralement à 14-15 ans. Une chose est sûre : malgré ces différences, les garçons et les filles peuvent traverser autant de problèmes ou de difficultés !

Comprendre les besoins fondamentaux de l'adolescent

L'adolescence est généralement caractérisée par trois éléments fondamentaux :

1. le **besoin d'indépendance** par rapport à l'autorité, d'où la confrontation et les conflits avec les parents;
2. le **désir d'appartenance à un groupe;** les amis deviennent la priorité, aux dépens des parents;
3. le **besoin d'affirmation de soi;** comme le jeune se cherche et veut construire son identité, il fait ses propres expériences et prend des risques.

Ces trois besoins expliquent certains comportements nouveaux de nos ados, qui bousculent la relation que nous avons établie avec eux. Nous devons, en tant que parents, prendre conscience que notre jeune quitte l'enfance vers l'adolescence et que cette transition ne se fait pas sans heurts. Il vit une crise d'identité; il ressent le besoin de s'éloigner de nous pour apprendre à mieux se connaître et trouver sa propre personnalité.

Évidemment, nous cessons d'être son «centre d'intérêt» et ne sommes plus aussi populaires à ses yeux qu'auparavant. Nous nous sentons parfois déstabilisés par différentes manifestations: notre jeune se transforme si rapidement qu'il semble grandir à vue d'œil, il ressent maintenant le désir de s'affirmer haut et fort, il nous remet en question et conteste ou confronte notre autorité. Nous avons l'impression de ne pas le comprendre quand il veut s'isoler, se distancer, quand il refuse de participer aux réunions familiales ou de nous parler, ou encore lorsqu'il se sent déprimé.

Plus nous sommes conscients de ce que vivent les adolescents, plus nous pouvons nous montrer réceptifs à ces comportements (ce qui ne veut pas dire les accepter inconditionnellement). C'est cette compréhension qui peut faire la différence, qui peut «tempérer» nos interventions et notre réaction. Plus les parents veulent préserver la dépendance de leurs jeunes et exercer une autorité très rigide sur eux, plus ces derniers tentent de s'en libérer.

Les parents qui n'acceptent pas la confrontation et qui n'assouplissent pas leur autorité vivent généralement beaucoup plus de conflits avec leurs adolescents que les parents plus ouverts et flexibles.

Durant l'adolescence, les jeunes apprécient les adultes qui croient en eux et qui les respectent. Notre but en tant que parents est donc d'essayer d'entrer dans cette catégorie ! Si nous mettons de l'eau dans notre vin, si nous donnons à nos ados de l'amour et une bonne structure adaptée à leur âge, si nous les accompagnons respectueusement dans leur démarche, ils ne s'éloigneront de nous et de nos valeurs que temporairement... La complicité reviendra d'elle-même lorsqu'ils auront trouvé ce qu'ils cherchaient !

Comment maintenir la communication avec mon ado ?

Les questions que tout parent se pose :

* **Pourquoi est-ce devenu plus difficile de communiquer avec notre adolescent ?**
* **Dois-je insister pour que mon adolescent me parle ?**
* **Comment favoriser la communication entre nous ?**
* **Que faire quand la communication tourne au conflit ?**

Vous avez l'impression que votre fille de 14 ans s'éloigne de vous ? Elle s'isole de plus en plus, ne vous parle presque pas ou vous répond sur le bout des lèvres par de simples « oui » ou « non » ? Lorsque vous tentez de communiquer avec votre fils de 15 ans, il s'esquive, ne vous répond pas ou manifeste son désintérêt par des réponses comme « Je ne veux pas en parler », « Pourquoi tu veux savoir ça ? », « Tu ne comprends rien ! » ou « Laisse-moi donc tranquille avec ça ! » ? Bien des parents se heurtent à ce genre de mutisme, caractéristique de la crise d'adolescence. Cette situation entraîne souvent de nombreuses frictions et même des conflits pouvant mener à une rupture de la communication.

Puisque la communication est à la base de toute bonne relation avec notre adolescent, il est important de réagir et... d'en parler !

Pourquoi est-ce devenu plus difficile de communiquer avec notre adolescent ?

L'adolescence est une étape de la vie que bien des parents redoutent et trouvent difficile. Elle transforme non seulement nos enfants, mais aussi *nos rapports avec eux*. C'est une période de changements intenses pendant laquelle la communication semble vouloir s'effriter entre nous et cet enfant que nous ne reconnaissons plus, qui s'éloigne, se rebelle, s'oppose ou se referme sur lui-même, et ce, à notre grand désarroi.

Un comportement normal chez les ados

Comme parents, nous avons souvent l'impression que tout était plus facile auparavant : notre enfant nous câlinait, il nous racontait spontanément ses journées à l'école, il appréciait notre présence et en redemandait toujours ! Depuis son entrée à l'école secondaire (qui marque le passage à l'adolescence), nous constatons que tout change progressivement. Non seulement se distance-t-il de nous, mais il nous évite même parfois, s'isole dans sa chambre ou s'évade devant l'ordinateur et les jeux vidéo. Ainsi, s'il est bavard et extraverti avec ses copains, il se referme dès qu'il entre dans la maison et se rebute devant toutes nos questions. En fait, toutes les raisons sont bonnes pour s'esquiver lorsque nous tentons de lui tirer les vers du nez et il n'est surtout pas question pour lui de nous tenir informés de ses allées et venues ou de ce qu'il fait et avec qui !

« Mon ado ne veut plus me parler. Il ne veut pas se confier et m'évite...
C'est peut-être parce qu'il ne m'aime plus... »

Cette impression, bien des parents la ressentent. Si c'est votre cas, rassurez-vous : votre enfant vous aime encore ! Ce comportement est tout à fait normal et même fréquent chez les ados. Il ne faut donc pas vous en inquiéter outre mesure ni prendre cela comme une attaque personnelle ou croire que votre jeune vous rejette et que votre relation est en péril.

Les adolescents sont dans une période fragile de leur vie, une période de transition entre l'enfance et l'âge adulte. Pour vivre ce passage, ils ressentent le besoin de se différencier et de se distancer des parents (physiquement et psychologiquement) afin de trouver leur propre identité. Ils ont également l'impression que les gens (les adultes) autour d'eux ne les comprennent pas (ou ne les comprendraient pas, de toute façon), d'où leur tendance à se replier sur eux-mêmes. Les adolescents éprouvent donc le besoin d'avoir leur « jardin secret », leur coin d'intimité dans lequel les parents n'entrent pas.

Les bisous et les câlins, c'est fini ?

Le mutisme et la distance qui caractérisent l'adolescence ont pour effet de réduire les marques d'affection ou d'attention régulièrement échangées avec notre enfant. Alors que le câlin ou le bisou représentaient une source de réconfort pour notre petit, ils provoquent maintenant chez l'adolescent une émotion nouvelle, bizarre, ou un malaise qui le pousse instinctivement à les fuir. Ces contacts physiques sont soudainement devenus envahissants ou menaçants pour lui !

Cette situation est particulièrement difficile pour les mamans, qui doivent néanmoins respecter cette réserve de leur jeune ado et attendre patiemment, dans l'espoir que ces gestes tendres reviendront... d'eux-mêmes !

Dois-je insister pour que mon adolescent me parle ?

Les jeunes de 12 à 17 ans se réfugient souvent dans un mutisme susceptible de déstabiliser tout parent qui a à cœur la relation avec son enfant. Face à ce refus de communiquer, certains parents, désemparés, hésitent entre l'insistance, la confrontation, le retrait ou le laisser-aller. Il faut être prudent dans notre approche, selon l'état de la relation ou du lien de communication avec notre jeune.

Au quotidien

Tout adolescent a besoin d'intimité et de préserver son jardin secret. Certains parents ont du mal à comprendre ce besoin et ont tendance à forcer la communication ou à poser une multitude de questions, ce qui sera perçu par l'ado comme une menace, une violation de son droit d'intimité ou du harcèlement. D'ailleurs, une telle insistance a parfois un effet contraire à celui souhaité, et peut même mener à la rupture totale de la communication. Il est donc primordial de respecter l'adolescent et *d'accepter qu'il n'ait pas toujours le goût de parler.* Retenez que, durant l'adolescence, le jeune apprécie les adultes qui croient en lui et, surtout, qui le respectent.

Donc, s'il importe de favoriser la communication, il ne faut quand même pas être trop insistant si l'on voit que notre jeune est réfractaire à nos tentatives de rapprochement. Il s'agit en fait de prendre ce qu'il nous donne, peu à peu. Les adolescents préfèrent attendre le moment propice où ils auront eux-mêmes le goût de parler que de se faire « interroger ».

« Tu ne sembles pas vouloir en parler, alors je vais attendre
un meilleur moment pour toi... OK ? »
« On s'en reparle demain ? »

Que faire lorsque le mutisme semble traduire un mal-être ?

Certains adolescents coupent les ponts ou s'isolent quand ils vivent des périodes difficiles ou des situations stressantes. En tant que parents, nous devons alors tenter de comprendre ce qui ne va pas et essayer de renouer le dialogue avec eux.

Certes, vouloir débusquer ce mal-être, c'est parfois comme soigner un chat blessé qui réplique par des coups de griffes, mais si votre adolescent semble vivre une telle situation, expliquez-lui qu'en parler lui permettra d'atténuer la douleur et de libérer une souffrance avant que tout s'aggrave. Évidemment, n'essayez pas de forcer votre ado à discuter ou à se confier, car cela le brusquerait inutilement. Mais, inversement, si vous ne faites rien et ne dites pas un mot en pensant que ça va passer tout seul, votre jeune risque de prendre cette attitude comme de l'indifférence de votre part, ce qui empirerait son mal-être.

« Tu ne sembles pas dans ton assiette ces temps-ci, est-ce que ça va ? »
« Dis-moi, Maxence, qu'est-ce qui ne va pas ? Je te connais, tu sais,
je sais que quelque chose ne va pas. » (Avec un peu d'humour !)
« Sache que je suis là et que tu peux venir me parler
quand tu voudras. OK ? »

Si votre adolescent se «déconnecte» complètement du monde, qu'il s'enferme constamment dans sa chambre, ne fréquente pas d'amis ou n'a que des «amis virtuels» (Facebook, MSN, jeux en ligne…), ou s'il est ouvertement en conflit avec tous les adultes qui l'entourent, il y a un problème. C'est votre responsabilité, en tant que parent, de tendre la perche et d'essayer de l'aider. Si toutefois le dialogue ne semble pas possible, il ne faut pas hésiter à lui donner les numéros de téléphone de centres de service ou d'aide aux jeunes, lui proposer de parler à quelqu'un de l'extérieur ou de rencontrer un professionnel (un psychologue, par exemple).

Que faire lorsque la communication s'est détériorée ou que le lien est brisé?
Il en va évidemment autrement lorsque le lien de communication est coupé et que la relation s'est envenimée. Lors de conflits, ne coupez surtout pas tous les ponts en guise de représailles! Demeurer en contact et en bonne relation avec son adolescent, *c'est la responsabilité du parent.* Pourtant, dans les cabinets de consultation, il est fréquent de voir des parents remettre cette responsabilité entre les mains de leur ado: «*Tant pis! Quand il sera prêt à rediscuter, il me fera signe!*», ou, dans le cas de parents séparés: «*C'est à lui de faire les premiers pas et de m'appeler.*»

Or, l'adolescent n'est pas un adulte, il n'est pas encore en mesure de bien juger les conséquences d'une rupture de relation. Il a besoin de repères solides pour devenir un adulte responsable et autonome. Notre devoir, comme parents, c'est de lui fournir ces repères, et pour cela, il faut maintenir, ou renouer, le dialogue avec notre adolescent.

La meilleure façon de ne pas nous éloigner de notre ado, c'est de…
COM-MU-NI-QUER!

Comment favoriser la communication entre nous ?

Des adolescents qui restent à table avec nous simplement pour discu ter après un repas, sans qu'on les y oblige, est-ce possible ? Un jeune de 15 ans qui parle spontanément de ses journées ou de son nouveau passe-temps à ses parents, ça existe ? C'est du moins ce que tout parent désire, mais pour cela, il faut qu'il ait développé et entretenu un lien de communication respectueux avec son enfant depuis qu'il est petit. Ce n'est malheureusement pas toujours facile et c'est très certainement un défi quand arrive l'adolescence.

Communiquer : un défi

Les adolescents reprochent généralement aux parents de dire «non» sans explications, de ne pas les écouter et, surtout, de ne pas les comprendre. De leur côté, bien des parents voient ces discussions comme des affronts ou ne savent plus trop comment s'y prendre pour communiquer efficacement avec leur ado : «Est-ce que j'utilise la bonne méthode ? Comment arriver à lui parler ? Est-ce que je suis dans la communication ou dans le sermon ?»

Voici quelques suggestions pour maintenir une bonne communication entre vous :

* **Éviter les longs discours.** La plupart des adolescents ne sont pas d'habiles communicateurs. Ils ne savent pas aussi bien que nous manipuler les mots pour exprimer leurs émotions et ils sont souvent impatients, de surcroît ! Abstenez-vous par conséquent de leur faire de longs discours, car vous risquez de perdre leur attention, voire de les éloigner de vous. L'adolescent veut des discussions claires, précises et de courte durée.
* **Éviter le ton infantilisant.** Le ton que l'on prend pour parler avec notre ado est important. Évitez, entre autres, d'utiliser le même niveau de communication parent-enfant que lorsqu'il était tout jeune : «Mon trésor, ma poupée, mon p'tit poussin...» En général, les ados détestent ces petits mots qui les infantilisent et qui vont à l'encontre de leur quête d'autonomie vers le statut d'adulte.

Les r **les interrogatoires soutenus.** Attention de ne pas accueillir .re adolescent avec des milliers de questions lorsqu'il rentre à a maison! Ne le harcelez pas non plus constamment pour qu'il vous dévoile ses états d'âme. Votre ado risque de rompre volontairement le dialogue devant cette insistance. Il est préférable d'attendre le moment propice où il semblera plus ouvert ou mieux disposé à vous parler.

✳ **Il est prêt? Alors go!** Acceptez que les discussions aient lieu quand votre adolescent se sent prêt. Il vient vers vous avec cet air qui signifie «J'ai quelque chose à te dire...»? Alors, laissez tout de côté (le repas, le lavage, le travail du bureau) et *écoutez-le.*

✳ **Accorder toute son attention.** Si votre jeune semble disposé à vous parler, donnez-lui toute votre attention. Lâchez tout! Évitez de lire, de regarder la télé ou de continuer de vaquer à votre tâche pendant qu'il vous parle. La règle d'or: on écoute deux fois plus que l'on parle!

✳ **Établir une communication parallèle.** Pour certains adolescents, il est difficile de parler dans un contexte formel, par exemple assis face à face. Les communications parallèles peuvent alors s'avérer utiles, c'est-à-dire des échanges qui ne sont pas directs ou en position «face à face», mais plutôt tenus en faisant autre chose ensemble, une activité quelconque *commune.* Un trajet en voiture, la préparation d'un plat à la cuisine, l'exécution d'une tâche au sous-sol, tous ces moments permettent de ne pas tout centrer sur la conversation elle-même et nous aident à tirer bien des informations sans être confrontants pour l'adolescent.

✳ **Créer une bonne ambiance et faire des activités ensemble.** N'hésitez pas à créer des occasions ou des ambiances propices à la communication: un repas incluant son mets et son dessert préférés, une sortie au cinéma, une journée de ski, un tour au centre commercial... Optez pour des activités qu'il affectionne et qui favoriseront la communication parent-ado. Souvenez-vous: communiquer peut se faire autrement que par des mots. Avoir du plaisir ensemble, rire, échanger peuvent s'avérer tants qu'une longue discussion. Votre ado appréciera d'être en relation avec vous juste pour le plaisir et non uniquement pour parler de ce qu'il fait ou ne fait pas, ou encore pour discuter des règles de la maison.

* **Être présent.** Montrez-vous continuellement intéressé par ce que votre jeune fait, même si son attitude vous laisse croire que ce n'est pas important pour lui. Soyez présent et renseignez-vous régulièrement sur son école et ses activités. Malgré les simples « oui » ou « non » qu'il peut lancer nonchalamment comme réponses, votre intérêt lui démontre que vous continuez à être là pour lui. L'adolescent est un être en construction et il a besoin de ses parents pour devenir un adulte solide. Soyons présents aux rencontres scolaires, aux activités sportives, même si ce n'est que pour jouer le rôle de « taxi », car si nous ne lui fournissons pas cet appui, il aura de la difficulté à devenir un adulte responsable.

* **Être ouvert.** Soyez prêt à aborder n'importe quel sujet avec votre ado. Faites-lui comprendre que vous êtes là pour lui et qu'il peut vous poser ses questions librement. Pour bien communiquer, il faut s'ouvrir à la réalité de notre ado en prenant un peu de distance par rapport à nous-mêmes, à nos propres idées et valeurs, et adopter une attitude moins rigide.

* **Donner des explications.** Afin d'éviter les guerres de pouvoir qui ne mènent à rien, évitez de ne fournir comme seul argument des phrases-chocs du genre : « C'est comme ça parce que je l'ai décidé ainsi, c'est tout ! » Il est évident que, comme parent, vous avez le dernier mot, mais essayez d'expliquer votre raisonnement autant que possible. Même si votre adolescent n'est pas d'accord avec vos raisons, il saura au moins pourquoi vous avez pris telle ou telle décision.

* **Prêter attention au vocabulaire.** Pour entretenir une bonne communication avec votre adolescent, *évitez le dénigrement et les accusations.* Il est possible de désapprouver son comportement

insulter ou le dénigrer. Nos adolescents sont des êtres en construction, qui façonnent encore et constamment leur estime, leur confiance et leur image de soi. Et vous avez encore, malgré vous, une des plus importantes influences sur cette perception. Voici un exemple : la réception d'un mauvais bulletin scolaire.

Mauvaise intervention : « Ne viens pas me dire que tu t'es forcé pour arriver à des notes comme celles-ci ! Tu es paresseux, jamais à tes affaires... Si tu continues comme ça, qu'est-ce que tu penses que tu vas faire dans la vie ? »

Bonne intervention : « Toi, tu en penses quoi de ton bulletin ? Est-ce que tu crois que tu aurais pu faire mieux ? Que pourrais-tu faire, selon toi, pour améliorer tes notes ? Moi, j'ai confiance en toi et je suis persuadé que tu es capable de faire mieux. »

Dans la première situation, il est fort probable que notre adolescent se mettra sur la défensive, haussera le ton pour critiquer ou se justifier et se refermera sur lui-même en attendant que la tempête passe. Dans la deuxième situation, il a la chance de verbaliser par lui-même qu'il n'a pas fait les bons choix et que des ajustements s'imposent. Le même message est passé, sans dénigrement.

* **Éviter de faire la morale.** Personne n'aime se faire faire la morale, jeune ou adulte. « Je te l'avais dit... », « Si tu m'avais écouté aussi », « Je le savais, moi, que cela finirait comme ça », voilà des interventions qui ne favorisent pas la discussion et qui affectent la relation. C'est encore plus évident pour nos adolescents. Si vous utilisez un ton moralisateur, votre jeune aura tendance à s'éloigner de vous et évitera dorénavant de se confier à vous.
* **Éviter l'image parfaite ou supérieure.** N'essayez pas de projeter l'image du parent parfait et en tout point supérieur. Si votre ado-

lescent sent que vous faites et pensez toujours mieux que lui, que vous êtes « la référence » en tout, il coupera la communication et ne cherchera qu'à se défendre ou à se justifier. Les affirmations du genre « Moi, quand j'avais ton âge... » ou « Dans mon temps... » déplaisent tout particulièrement aux ados.

✳ **S'ouvrir aussi (transparence).** N'ayez pas peur de partager vos propres expériences. Si votre adolescent est conscient que vous êtes passé par le même genre d'embûches, que vous avez eu, vous aussi, des différends avec vos parents, vécu des craintes et des questionnements à son âge, alors il sera plus enclin à partager ce qu'il vit avec vous. Essayez de vous imaginer *à sa place*. Les temps changent, certes, mais un grand nombre de problèmes auxquels sont confrontés nos adolescents ne sont pas tellement différents de ceux que vous avez connus quand vous aviez leur âge. Partagez ces souvenirs avec votre enfant. Même s'il ne vous croit pas vraiment, le fait de parler de votre propre adolescence l'aidera à réaliser que vous pouvez comprendre ce qu'il vit, car vous avez déjà eu son âge.

✳ **Donner l'exemple.** Être parent, c'est évidemment donner l'exemple. Soyez donc prudent sur la façon dont vous intervenez en général dans la famille. Nos adolescents ont tendance à utiliser le même modèle. Traitez votre adolescent avec le même respect que vous attendez de lui. Saluez-le quand il arrive, informez-vous de sa journée, n'hésitez pas à lui dire « Je t'aime » et « Merci ».

✳ **Faire de l'écoute active.** L'écoute active permet d'améliorer la communication avec un adolescent. Dans un premier temps, faites preuve de patience et montrez-lui que vous êtes disponible quand il veut parler. Évitez d'interrompre ou de contredire votre ado lorsqu'il s'exprime (ne posez pas de question avant qu'il n'ait terminé). Acceptez ce qu'il verbalise en évitant de le juger ou de le critiquer. Résumez ce qu'il vient de dire et posez-lui des questions, si cela est nécessaire, pour qu'il puisse préciser sa pensée. Le mot à éviter à tout prix est « pourquoi », car il nuit souvent à la conversation et amène le jeune à se sentir jugé ou blâmé. Finalement, pour qu'une communication soit efficace, il faut que l'information circule dans les deux sens. Évitons les monologues !

La chambre « tout équipée » !

Il est de plus en plus fréquent aujourd'hui de voir toutes sortes d'appareils dans la chambre des enfants. Si notre adolescent a une télé, un ordinateur, une console de jeux et un téléphone dans sa chambre, il est fort possible qu'il y passe la majorité de son temps, n'est-ce pas ? C'est justement ce que nous voulons éviter : l'isolement dans la chambre, qui effrite évidemment le lien de communication. Plus le jeune passe du temps en solo, moins il en passe en famille !

Regarder la télévision peut être vu comme une activité sociale en famille. Bien que nous soyons relativement passifs devant la télé, nous pouvons tout de même discuter ensemble et critiquer, selon les sujets d'émission, ne serait-ce que durant les pauses publicitaires !

Il est également suggéré de placer l'ordinateur dans une pièce commune, afin que votre jeune soit quand même en interaction avec les gens qui l'entourent. Il vous sera aussi plus facile de vous intéresser à ce qu'il fait sur Internet.

L'importance des repas en famille

À l'ère du prêt-à-manger et des horaires surchargés, il est parfois tentant de laisser nos ados gérer leur propre horaire de repas, incluant le souper. Le rituel du repas en famille se perd donc, progressivement. C'est une situation déplorable, puisque manger ensemble, c'est bien plus que s'alimenter : c'est une occasion unique de se retrouver, de rétablir le contact, de partager, d'être écouté, bref de resserrer les liens et de favoriser la communication. C'est souvent le seul temps où la famille est réunie à la maison.

Bien qu'il soit difficile d'instaurer une telle habitude tous les jours, il est recommandé de manger ensemble le plus fréquemment possible et, surtout, de désigner une soirée du week-end (tous les dimanches soir, par exemple) pour un souper familial spécial (menu plus élaboré, vin, dessert...). Les enfants habitués à ce rituel seront beaucoup plus enclins à poursuivre cette tradition rendus à l'adolescence.

Les études montrent que les familles ayant de telles habitudes de repas familiaux bénéficient d'une meilleure cohésion, d'une meilleure communication et d'un sens plus développé de la famille. Ces repas fournissent une occasion d'entendre parler librement les ados sur plusieurs sujets qu'ils n'oseraient peut-être pas aborder dans un autre contexte. Ils deviennent une occasion idéale pour se retrouver en famille, raconter les bons et les mauvais moments de la journée, avoir des discussions, des fous rires et, surtout, pour créer des moments magiques qui meubleront si bien nos souvenirs.

Mon ado ne veut plus nous suivre dans les fêtes de famille...

Durant l'adolescence, les conversations ouvertes et chaleureuses sont souvent remplacées par des regards d'impatience et des soupirs, indiquant parfois que notre jeune s'ennuie en présence des adultes. À cet égard, les fêtes ou les réunions de famille n'y échappent pas. Lorsque arrivent les occasions de se réunir (temps des fêtes, baptêmes et autres rites religieux, anniversaires ou retrouvailles), le jeune argumente, râle ou invente toutes sortes de prétextes pour ne pas venir... Faut-il l'obliger à suivre (au nom des traditions familiales) ou simplement lâcher prise ? La réponse se situe probablement entre ces deux options.

Si votre ado ne veut plus participer à de tels événements, essayez d'abord de comprendre pourquoi. Est-ce qu'il s'y ennuie ? Est-ce qu'il a une fête d'amis à la date prévue ? Pouvez-vous faire quelque chose pour rendre cette activité familiale plus intéressante pour lui ? Ensuite, expliquez-lui pourquoi vous tenez à sa présence (tradition, seul moment de voir les grands-parents, par exemple). L'important, c'est que vous compreniez bien tous les deux les raisons qui vous motivent l'un et l'autre.

Pour que la soirée soit plus attrayante pour lui, permettez-lui d'apporter des jeux (de groupe), tentez de l'intégrer un peu plus aux discussions et, surtout, évitez de l'asseoir au bout de la table, avec les petits cousins et cousines! Permettez-lui de se lever de table si les discussions d'adultes l'ennuient.

Choisissez également vos batailles. Votre ado n'a pas le goût de porter une chemise et une cravate ou une belle petite robe « propre »? Ce n'est peut-être pas si dramatique, après tout!

Dernier point: il serait raisonnable de dispenser votre jeune d'aller à ces fêtes de famille une ou deux fois par année (mais pas de manière systématique), surtout s'il a 16-17 ans!

L'important dans la communication, c'est de respecter l'adolescent et d'accepter qu'il n'ait pas toujours le goût de parler. Il s'agit donc de prendre ce qu'il nous donne peu à peu et de respecter sa vie privée – qu'il a maintenant le droit d'avoir car ce n'est plus un enfant. C'est également d'écouter et de considérer ses opinions, même si elles divergent des nôtres (tout en sachant qu'elles peuvent changer rapidement!).

Communiquer, c'est ouvrir grand la porte à la plus importante déclaration:

« Tu es mon enfant et je t'aime[1]. »

---

1. Extrait de l'article d'Étienne Gaudet, « Parents, communiquez avec votre ado! », [service-vie.com].

Que faire quand la communication tourne au confli

Malgré tous nos efforts pour entretenir une bonne relation, parfois que la communication avec notre adolescent s'effrite et que les conflits persistent. Il est normal qu'à leur âge, nos adolescents veuillent nous provoquer ou nous défier. Ils ont besoin de contester nos opinions et nos règles pour effectuer cette séparation essentielle à l'affirmation de leur propre identité (même lorsqu'ils savent, au fond d'eux-mêmes, que nous avons raison!). Critiquer, répondre, être insolents sont pour eux des manières d'exprimer leur indépendance, certes de façon maladroite... (Voir le chapitre «Quand adolescence rime avec insolence!», à la page 47.)

Même si vous êtes conscient de tout ce qui pousse votre jeune à agir ainsi, cela ne veut pas dire qu'il faille l'accepter pour autant! Respectez vos limites tout en faisant preuve d'assez d'ouverture pour laisser votre jeune s'exprimer... poliment. Voici quelques suggestions à ce propos:

* **Rester calme et respectueux.** Les discussions tumultueuses sont fréquentes à l'adolescence. Ne vous emportez pas chaque fois que votre jeune vous contredit, qu'il est impoli ou qu'il glisse un mot déplacé, sans quoi c'est l'escalade assurée. Intervenez calmement et respectueusement s'il dépasse les limites. Il doit comprendre que tout n'est pas permis et apprendre à s'autocensurer. Il n'est pas toujours facile de rester calme, mais essayez de vous adresser à votre ado en étant aussi comtois que vous le seriez avec un autre adulte. En cas d'escalade, mieux vaut faire une pause et reprendre la discussion après que tout le monde se sera calmé.

* **Ne pas réagir «en miroir».** Évitez d'adopter les mêmes tactiques ou comportements que votre adolescent. Il hausse le ton, vous le haussez, il est impoli ou vous insulte, vous réagissez en faisant la même chose: cette escalade est très nocive et ne mène à rien de bon.

* **Savoir pondérer.** Ne prenez pas tout ce que dit votre adolescent au premier degré ou au pied de la lettre ; il ne cherche souvent qu'à vous provoquer. Évitez donc de considérer ses paroles comme une attaque personnelle et de réagir immédiatement.

* **À proscrire : le dénigrement ou les accusations.** Soyez conscient que les adolescents sont encore sensibles aux commentaires de leurs parents et fragiles en ce qui concerne leur identité, leur confiance en eux et leur estime de soi. Alors qu'un commentaire négatif en provenance d'un ami peut être anodin ou banalisé, il en est tout autrement quand cela vient d'un proche, encore plus des parents. Évitez à tout prix le dénigrement, qui aura un impact très important sur la perception qu'il a de lui-même.

* **Savoir s'excuser.** Être parent, c'est aussi savoir reconnaître ses torts et s'excuser lorsque l'on a haussé le ton ou que l'on a manqué de respect à son ado. C'est parfois également reconnaître que l'on pourrait faire un compromis. Voilà une démarche respectueuse qui a un impact immédiat : nos adolescents sont souvent étonnés de cette démarche et sont, par la suite, plus enclins à adopter la même attitude lorsqu'ils sont dans l'erreur.

Il faut évidemment éviter de laisser le conflit en plan, de faire comme si de rien n'était, car cette attitude ne fait que détériorer le lien de communication et la relation. Les conflits doivent être vus comme des occasions de dialogue, de négociation et, au final, comme une possibilité de remettre en question nos pratiques ou notre attitude envers notre adolescent.

Les conseils de famille

Les conseils de famille sont souvent une façon de limiter les conflits, car ils permettent de cibler les problèmes au fur et à mesure et de les régler. C'est un moyen efficace, plus particulièrement pour les familles qui comportent plusieurs enfants ou qui sont recomposées. Cette réunion, de préférence informelle, peut être « intégrée » à un souper ou à un autre moment propice pour tous (la fin de semaine, par exemple). Ainsi, à tour de rôle, les membres de la famille peuvent exprimer leurs insatisfactions, ce qu'ils aimeraient changer (certaines règles de la maison, des attitudes à leur égard, des permissions de sortie, etc.) et proposer une ou des solutions. Naturellement, tous les sujets peuvent être abordés, ce qui nous demande, comme parents, une grande ouverture d'esprit, afin que nos ados n'aient pas peur de poser leurs questions.

En ce qui concerne les éléments non négociables, cette démarche permet de clarifier notre position ou de réexpliquer les raisons qui sous-tendent certaines règles établies. Le but est vraiment de résoudre des problèmes ou de prévenir certains conflits. Cette démarche aide donc à préserver l'harmonie familiale et à entretenir une bonne communication.

Le conseil de famille est une belle façon de démontrer à nos adolescents que nous sommes à leur écoute et que c'est important pour nous. N'oubliez pas : plus votre ado se sentira respecté, meilleure sera la communication.

Communication veut dire négociation, argumentation, compromis et recherche de solutions pour que les deux parties soient satisfaites. Souvenez-vous que, comme parent, vous ne devez jamais démissionner ou faire preuve d'indifférence. Votre responsabilité est de conserver ce lien de communication essentiel avec votre adolescent.

Les psy-trucs

1. Prendre conscience qu'il est normal que notre adolescent s'éloigne peu à peu de nous, qu'il nous parle moins qu'avant ou même qu'il s'isole. Cela répond à son besoin de trouver ou d'affirmer sa propre identité. Ne pensons surtout pas que c'est contre nous.

2. Ne pas insister pour « faire parler » notre ado et ne pas le confronter. Accepter que les discussions aient lieu quand il se sent prêt.

3. Éviter les interrogatoires soutenus. L'adolescent se sent brimé dans son intimité quand on le questionne ainsi ; notre insistance risque de le rendre encore plus farouche ou de l'éloigner davantage.

4. Favoriser les moments propices aux discussions : repas familiaux, activités qui lui plaisent, transport en voiture...

5. Malgré son éloignement ou ses réponses minimalistes, se montrer toujours intéressé par lui, ses activités, ce qu'il fait. Ne pas couper les ponts, même durant les périodes difficiles, et ne jamais manifester de l'indifférence.

6. Éviter de lui faire la morale. Ne pas craindre de parler de nos propres expériences à l'adolescence, de tout ce qui pourrait ressembler à ce qu'il peut vivre à son âge. Faire preuve de transparence.

7. Ne pas installer de télévision ni d'ordinateur dans sa chambre. Le temps qu'il passe en solo dans celle-ci réduit d'autant le temps passé en famille.

8. Rester calme et respectueux envers lui. Le traiter et lui parler de façon aussi courtoise que si l'on s'adressait à toute autre personne. Plus il sentira notre respect, plus il aura le goût de nous parler.

C'est MA chambre !

Les questions que tout parent se pose :

* Comment expliquer ce désordre dans la chambre de mon adolescent ?
* Dois-je exiger que mon adolescent fasse sa chambre ?
* Dois-je tolérer que mon adolescent s'isole dans sa chambre ?
* Téléviseur et ordinateur dans la chambre : pour ou contre ?
* Jusqu'où respecter l'intimité de mon adolescent ?

Votre adolescent a fait de sa chambre une grotte secrète dont l'accès est strictement interdit à tous les autres membres de la famille. À la moindre tentative d'intrusion, il s'offusque et vous répète que c'est SA chambre ! Pire encore, cette pièce est un véritable dépotoir dont le plancher est couvert de vêtements sales ou de détritus de toutes sortes. Devant votre indignation, il hausse les épaules, l'air de dire que vous vous énervez pour rien : « Voyons, maman, il y a des choses bien plus graves que ça dans la vie ! »

La chambre des adolescents fait l'objet de multiples remontrances de la part des parents et les discussions, voire les conflits, à ce sujet ne sont pas rares. Pourquoi ce refuge est-il si important aux yeux de nos jeunes, et comment devons-nous réagir comme parents ?

Comment expliquer ce désordre dans la chambre de mon adolescent ?

Avant que vos enfants n'atteignent la puberté, leur chambre n'avait probablement jamais été source de problèmes entre vous, car vous pouviez avoir le plein contrôle de leur espace. La situation a soudainement changé à l'adolescence, et généralement pas pour le mieux! Nos jeunes réclament haut et fort de l'autonomie, de la liberté et veulent dorénavant contrôler un peu plus leur espace. Ils ressentent un grand besoin de se démarquer par rapport aux membres de leur famille, et la chambre est l'endroit rêvé pour le faire: déco, photos au mur, affiches de toutes sortes... Tout pour les distinguer, les identifier.

L'organisation de leur chambre (incluant l'ordre ou le désordre) leur permet également de se différencier. Dans leur chambre, la porte fermée, nos ados se «construisent» comme personnes. C'est leur refuge, dans lequel ils peuvent s'isoler quand rien ne va plus, quand ils ont envie d'être seuls, de se dissocier du reste de la famille.

Mais pourquoi certaines chambres d'adolescents tournent-elles au véritable chaos? Chez plusieurs, c'est simplement une question de trait de caractère, ce petit côté brouillon et désordonné qu'ils ont toujours eu, même en bas âge (les sacs d'école toujours sens dessus dessous, les cahiers d'école tout écorchés, les jouets toujours éparpillés...). Mais pour beaucoup d'autres, le désordre (ou cette *résistance* à l'ordre) ne survient qu'à l'adolescence. C'est une façon de marquer leur territoire et de dire à leurs parents: «Ici, c'est mon territoire, j'en fais ce que je veux et, surtout, n'y entrez pas!» Ils voient leur chambre comme un prolongement d'eux-mêmes et y manifestent par conséquent leur besoin d'autonomie et de liberté, ce qui n'est pas forcément négatif. Les adolescents vivent une période de grands bouleversements et ils sont parfois dépassés par tous ces changements subits; ce désordre intérieur intense peut se transposer dans leur façon de gérer leur chambre.

Nos adolescents sont également dans une phase d'opposition importante à l'autorité parentale, et leur désordre constitue un très bon moyen de confronter les parents qui ont tout particulièrement à cœur l'organisation familiale. Faute de comprendre ce désordre (ou cette opposition), bien des parents vivent cette situation comme une attaque personnelle. Or, plus ils sont conscients de ce que les jeunes vivent à l'adolescence, plus ils peuvent se montrer compréhensifs (ou « moins en réaction ») devant ces comportements (sans nécessairement les accepter pour autant!). C'est justement lorsqu'on comprend pourquoi nos jeunes ont tendance à agir de certaines façons qu'il est possible de minimiser les situations de crise et d'exercer son rôle d'autorité de façon plus souple et adaptée. Et cela implique peut-être de ne pas exiger une chambre impeccable en tout temps!

Dois-je exiger que mon adolescent fasse sa chambre?

« Range ta chambre! », « Ça fait trois jours que je te demande de ramasser tes vêtements! », « Là, tu dépasses les limites! »... Le désordre dans les chambres de nos adolescents constitue fréquemment une source de disputes ou de conflits récurrents. Bien que cette situation s'estompe avec l'âge, il n'en demeure pas moins qu'elle met bien souvent notre patience à rude épreuve. Mais même si nous comprenons que leur refus de faire leur chambre répond à un besoin de s'affirmer, cela ne veut pas dire qu'il faut tout tolérer! Voici quelques conseils à ce propos.

Respecter les aires communes

Étant en grande partie centrés sur leur personne, sur leur univers, les adolescents ont tendance à laisser traîner leurs affaires dans la maison. Bien que l'on doive leur donner plus de « liberté » concernant la façon de gérer leur chambre, il faut être clair : il est essentiel de garder les pièces communes propres et ordonnées.

La maison est un espace de vie *commun* et les parents sont tout à fait en droit d'émettre des règles à ce sujet et de les faire respecter. Il n'est donc pas question de tolérer le laxisme de nos jeunes ailleurs que dans leur chambre! Ils doivent comprendre qu'ils ne sont pas les seuls à vivre dans la maison : ils veulent qu'on respecte leur « univers »? Soit! Mais cela doit se faire dans les deux sens et ils doivent accepter de respecter celui des autres.

Ne pas imposer trop d'ordre dans sa chambre

En tant que parents, nous avons à cœur la propreté et l'ordre de l'espace familial. Mais maintenir un ordre quasi perpétuel dans la maison représente un défi de taille avec des enfants. Bien qu'il soit normal de vouloir inculquer ces valeurs ou ces bonnes habitudes à notre progéniture, il faut parfois se résigner devant le désordre qui règne dans l'univers de nos adolescents. Malgré tout, il est normal de revenir à la charge et de leur demander de ranger leur chambre.

Expliquez à votre ado pourquoi cela vous préoccupe ou vous indispose et n'hésitez pas à verbaliser ce qui vous ferait plaisir de même que vos attentes (tout en étant conscient qu'il puisse en décider autrement). Il honore vos demandes et réussit à préserver un minimum d'ordre dans sa chambre, exception faite de sa garde-robe ou de ses tiroirs, sens dessus dessous ? Soyez reconnaissant pour ses efforts et *n'en exigez pas plus*. Le désordre de la garde-robe, de la commode ou des tiroirs est un excellent compromis !

Exiger un minimum de salubrité

La chambre constitue le territoire intime de nos adolescents, alors il est normal de leur laisser la liberté de gérer cet espace comme ils l'entendent. Cette liberté ne doit cependant pas être au détriment de la *propreté*. Il est tout à fait raisonnable d'exiger un minimum de salubrité afin d'éviter que leur chambre ne devienne un véritable dépotoir ! Donc, un minimum de ménage, aucune nourriture qui traîne et le plancher accessible en tout temps. Et pour le reste, on ferme la porte si on ne veut pas voir le désordre habituel qui y règne !

Ne pas ranger sa chambre pour lui

Il faut surtout éviter de ranger soi-même la chambre de l'adolescent (surtout s'il n'est pas d'accord), puisque ce sera perçu comme une intrusion dans son intimité. De plus, en faisant pour lui ce ménage, on contribue à déresponsabiliser le jeune. Tout en vous assurant qu'il respecte les règles minimales de propreté proposées ci-dessus, il est important qu'il demeure responsable de son espace.

Lui offrir de l'aide
Bien qu'il soit déconseillé de faire la chambre de son adolescent, il est possible de l'accompagner dans cette tâche. Offrez-lui de l'aider à faire son ménage et profitez de l'occasion pour lui inculquer quelques notions d'ordre ou d'organisation. Qui plus est, cela vous permettra d'entrer subtilement dans son monde et d'en apprendre peut-être un peu plus sur lui!

Chacun sa façon!
Quelle que soit sa manière d'organiser ses livres, ses vêtements ou ses effets personnels, quelle que soit sa méthode de rangement (que vous jugez parfois inefficace) ou quel que soit son niveau d'ordre («Ben quoi? Qu'est-ce qu'elle a, ma chambre? Elle n'est pas en désordre!»), il faut respecter la façon dont notre adolescent choisit de ranger son univers. N'essayez pas d'imposer votre touche personnelle et ne repassez pas derrière lui.

Un désordre inhabituel?
Que faire lorsque l'adolescent affiche un désordre inhabituel ou un laisser-aller qui frôle la limite de la salubrité? Dans ce cas, il faut intervenir et le ramener à l'ordre en lui rappelant l'entente convenue entre vous.

Prêtez également attention aux raisons qui peuvent expliquer cette négligence apparente. Que se passe-t-il? Vit-il une peine d'amour? Des problèmes avec ses amis? Subit-il de l'intimidation? A-t-il des problèmes à l'école? Est-ce un signal de détresse? Une chambre chaotique peut révéler une perte de motivation, un découragement ou même une dépression. Notre rôle consiste alors à tenter de comprendre pourquoi notre enfant est soudainement si peu enclin à vivre dans un environnement minimalement propre et rangé.

Faire preuve de souplesse

Lorsque nos jeunes atteignent l'adolescence, nous devons accepter de faire preuve d'une certaine souplesse, même si ce n'est pas toujours facile pour nous, parents.

Pour vous y aider, rappelez-vous ceci : plus les parents veulent préserver la dépendance des adolescents, leur imposer une autorité ou des règles rigides, plus ces derniers tenteront de s'en libérer. Nous devons donc adapter nos attentes afin que nos adolescents sachent que nous comprenons leur besoin de liberté et d'intimité ; ce besoin, ils peuvent l'exprimer dans le seul espace qui leur est réservé : leur chambre.

Dois-je tolérer que mon adolescent s'isole dans sa chambre ?

Durant cette période de transition entre l'enfance et l'âge adulte, nos jeunes veulent prendre une certaine distance par rapport à leurs parents, physiquement et psychologiquement. D'où leur besoin occasionnel de s'isoler dans leur chambre, au grand dam de bien des parents !

Il est naturel que notre adolescent n'ait pas toujours le goût de nous parler et qu'il ressente parfois le désir de s'enfermer dans sa chambre, dans son intimité, son refuge. Mais tout est une question d'équilibre ! La chambre ne doit pas devenir l'unique lieu de vie (ou presque !) de notre jeune lorsqu'il est à la maison.

Attention à la résidence secondaire !

Il est de plus en plus fréquent aujourd'hui de voir des téléviseurs, des consoles de jeux et des ordinateurs dans la chambre des jeunes, ce qui peut expliquer pourquoi ils y passent la majorité de leur temps et ne veulent en ressortir que pour manger ! Leur chambre répond tellement

>

à leurs besoins qu'ils s'y cantonnent, ce qui érode évidemment les liens de communication entre eux et les autres membres de la famille (voir le chapitre « Comment maintenir la communication avec mon ado ? », à la page 15). Évidemment, lorsque notre adolescent a 16-17 ans, on comprend qu'il ressente le besoin d'avoir ses choses bien à lui dans sa chambre ! Il est donc possible de faire preuve d'un peu plus de flexibilité à cet âge, pour autant qu'il n'y ait pas exagération. Une mise au point s'impose lorsque le jeune en est rendu à écouter les mêmes émissions que sa famille, mais seul dans sa chambre !

Prêtez attention au besoin d'isolement de votre adolescent, car cela peut traduire un désir de se soustraire à la vie familiale, signe qu'il y a peut-être un problème. Ce repli peut également découler de situations difficiles vécues ailleurs, à l'école par exemple. Ainsi, si votre jeune s'isole beaucoup, parlez-en avec lui afin de comprendre ce qui se passe et de l'aider adéquatement, au besoin ; n'acceptez pas son retrait sans rien dire.

Téléviseur et ordinateur dans la chambre : pour ou contre ?

Il y a lieu de s'interroger sur la pertinence d'installer un téléviseur dans la chambre de nos jeunes adolescents, une pièce qui doit d'abord rester un lieu favorisant le repos. Bien que les jeunes de cet âge aient un désir accru de liberté, il faut trouver un juste équilibre et éviter de répondre favorablement à toutes leurs requêtes dans ce sens. Une chose est sûre : regarder la télé en solo dans sa chambre réduit le temps passé en famille. La télé peut être perçue comme une activité familiale en soi, en raison de son rôle de « rassembleuse ». En effet, même si nous sommes relativement passifs devant la télé, les émissions que nous regardons en famille suscitent souvent des interactions très bénéfiques : occasions de câlins, de rires, d'interrogations et de discussions sur des sujets rarement abordés, etc.

Plusieurs études montrent que la présence de la télé dans la chambre de nos ados augmente leurs heures d'écoute, avec les effets néfastes connus : les jeunes obtiennent des résultats scolaires inférieurs, mangent moins bien et pratiquent moins d'activités physiques. Et, contrairement à ce que peuvent penser certains parents, la télé n'aide pas nos jeunes à s'endormir. Au contraire, c'est un stimulant qui peut nuire au sommeil. En fait, la télévision diminue le nombre d'heures de sommeil (en moyenne, 30 minutes de moins par nuit), pourtant si important à la puberté.

Bref, la télévision dans la chambre présente rarement des avantages, si ce n'est, bien souvent, de répondre au besoin d'intimité ou de tranquillité des parents eux-mêmes ! Pour d'autres, succomber à cette demande de leur adolescent semble louable, mais il faut alors bien contrôler son utilisation. Tout compte fait, la télé dans la chambre risque de devenir, plus souvent qu'autrement, un élément de plus à gérer et une source de conflits supplémentaire.

Et l'ordinateur ?

C'est connu, l'accès à un ordinateur dès l'enfance peut favoriser de meilleurs résultats scolaires. Malgré cela, il apparaît déraisonnable que cet appareil soit installé dans la chambre de nos jeunes. En plus de rendre difficile le contrôle parental en ce qui a trait au contenu des sites visités, cette installation provoque des effets négatifs très similaires à ceux de la télévision. Les jeunes qui passent beaucoup plus de temps à surfer, à regarder des vidéos, à jouer en ligne ou à clavarder réduisent d'autant leurs heures de sommeil ou le temps passé à interagir avec les autres membres de la famille.

Jusqu'où respecter l'intimité de mon adolescent ?

La chambre de nos adolescents prend souvent l'allure d'un refuge qu'ils veulent protéger ou préserver de notre intrusion. Doit-on tolérer pour autant qu'ils refusent qu'on entre dans leur chambre ? À certains égards, la réponse est *oui*. La chambre est la représentation de leur intériorité et il est important de respecter leur vie privée. Entrer dans la chambre de notre jeune, c'est violer son intégrité, et si c'est pour fouiller dans ses affaires, c'est pire que tout ! Vous devez aller chercher quelque chose dans sa chambre ? Prévenez-le de vos intentions ; c'est une façon de lui témoigner du respect.

Évidemment, cette recommandation ne tient plus si vous avez des inquiétudes ou des soupçons concernant son comportement (mauvaises fréquentations) ou de bonnes raisons de croire qu'il cache quelque chose (drogue ou autres objets illicites ou dangereux). La chambre ne doit certainement pas devenir une zone « hors la loi » dans laquelle l'adolescent peut faire ce que bon lui semble. Après tout, notre rôle consiste aussi à nous assurer du respect des règles fondamentales et du bien-être de notre jeune, peu importe l'endroit dans la maison.

Frapper avant d'entrer !

À l'adolescence, notre jeune a besoin de « fermer sa porte » (au sens propre comme au sens figuré) et de se retrouver dans sa bulle pour parler au téléphone, envoyer des textos ou simplement pour écouter sa musique. Il a besoin de ces moments isolés, loin de la tourmente familiale, afin de se retrouver seul avec lui-même. C'est normal et légitime. Il est donc fortement recommandé de respecter ce besoin d'intimité et, surtout, de frapper avant d'entrer dans sa chambre.

Le fait d'entrer brusquement dans la chambre de notre adolescent sans prévenir sera perçu comme un envahissement, une intrusion provocatrice, qu'il critiquera très ouvertement – et avec raison. On veut lui parler ? On frappe avant d'entrer. On l'exige de nos enfants lorsqu'ils veulent entrer dans notre chambre, alors pourquoi ne pas en faire

>

autant pour eux ? C'est une façon de témoigner du respect à notre ado et de lui donner l'exemple. Souvenez-vous que les adolescents apprécient les adultes qui les respectent.

Les psy-trucs

1. Prendre conscience qu'il est normal que notre ado veuille gérer sa chambre (et son ordre ou son désordre) comme il l'entend. C'est une expression de son besoin de liberté.
2. Ne pas tout tolérer pour autant et exiger le respect de certaines règles concernant le ménage et la propreté de la chambre (vêtements sales mis au lavage, pas de nourriture, etc.).
3. Ne pas ranger la chambre de notre jeune à sa place, c'est sa responsabilité. Tout au plus, lui offrir de l'aide afin de le motiver à continuer dans le même sens.
4. Respecter sa façon de ranger ses choses, son organisation, même si elles nous semblent inefficaces ou inadéquates !
5. Respecter son besoin de s'isoler dans sa chambre, mais attention : celle-ci ne doit pas devenir une résidence secondaire !
6. Respecter son intimité dans sa chambre sans que cette pièce devienne une zone « hors la loi » dans laquelle il croit pouvoir tout faire à sa guise.
7. Éviter d'installer un téléviseur et même un ordinateur dans la chambre de notre adolescent, car cela favorise une surconsommation dont les effets négatifs sont reconnus : réduction des heures de sommeil et de l'activité physique, notamment.
8. À moins de doutes ou d'inquiétudes, éviter d'entrer dans sa chambre sans son consentement (surtout, ne pas fouiller).
9. Toujours frapper avant d'entrer dans la chambre de notre ado. Nous lui devons ce minimum de respect en tant que futur adulte !

Quand adolescence rime avec insolence !

Les questions que tout parent se pose :

* **Pourquoi les ados deviennent-ils si insolents ?**
* **Comment expliquer leurs sautes d'humeur ?**
* **Comment réagir en tant que parent ?**
* **Qu'est-ce qu'un « parent-copain » ?**

En se levant en plein milieu de la matinée, Samuel, qui est âgé de 16 ans, vous interpelle haut et fort : « T'as pas fait le lavage ? Là, j'ai pas mon chandail ! » Quand vous demandez à Léa, qui vient d'avoir 14 ans, pourquoi elle n'a pas fait sa chambre comme vous l'aviez exigé, elle vous répond : « Blablabla ! », avec son petit sourire en coin ou en levant les yeux au ciel. Jérémie, qui a 15 ans, conclut une discussion houleuse en criant : « T'as pas rapport, tu comprends jamais rien, tu m'énerves ! »

Voilà des exemples de manque de respect et d'insolence typiques de la période de l'adolescence. Nos adolescents éprouvent peut-être le besoin de décharger leur trop-plein d'émotions ou d'exprimer leur besoin d'indépendance, mais cela ne veut pas dire que nous devons tout accepter pour autant !

Pourquoi les ados deviennent-ils si insolents ?

L'impolitesse, l'insolence et le manque de respect sont des comportements que nous ne devons pas tolérer de la part de nos enfants, qu'ils soient tout petits, adolescents ou même adultes. Il est par contre fortement souhaitable, pour les parents, de *comprendre* ce qui est à l'origine de ces attitudes.

Dans l'éducation de nos enfants, il est toujours plus facile de traverser une période difficile lorsque nous comprenons les motivations intrinsèques ou inconscientes de nos jeunes. C'est cette même compréhension qui nous a permis de passer à travers la phase du *terrible two* (phase du NON) de nos enfants de deux ans. En comprenant ce qui se passait dans leur « petite tête », en saisissant que cette opposition ne constituait pas un affront personnel, mais une façon de nous dire qu'ils avaient envie de plus d'autonomie, nous avons pu réagir avec plus de sérénité, sans crise, tout en respectant ce qu'ils nous exprimaient ainsi. C'est la même chose pour nos adolescents. En prenant conscience de ce qu'ils vivent, de ce qu'ils ressentent, il nous sera plus facile de réagir sans crise et d'intervenir adéquatement. Essayons maintenant de saisir ce qui se passe dans la tête (et dans le corps !) d'un jeune de cet âge...

L'adolescence est caractérisée par la puberté, qui se traduit par des métamorphoses très importantes, tant physiques que psychologiques. Ce bouleversement est comparable à un grand tourbillon d'énergie intérieur, parfois difficile à comprendre, à contenir et qui peut engendrer certains comportements impulsifs ou de l'agressivité.

Nos adolescents ont également un énorme besoin d'indépendance et d'autonomie, des éléments essentiels à cette transition entre l'enfance et l'âge adulte. Pour vivre ce passage, ils doivent se différencier et se distancer des parents afin de trouver leur propre identité. Ils ressentent donc un immense besoin de manifester leur existence *distincte* dans la famille et ont l'impression de devoir continuellement se défendre contre la dépendance aux parents, qu'ils ont pourtant jusqu'à maintenant toujours acceptée. Pour eux, se manifester ou s'affirmer, c'est exister.

Cette crise d'identité et ce besoin d'indépendance, combinés aux bouleversements physiques que subit notre jeune, amènent évidemment leur flot d'agressivité, d'irritabilité, de timidité ou de changements multiples d'humeur. C'est une période parfois difficile à vivre et qui constitue souvent une source de conflits avec les parents, surtout si ces derniers adoptent une attitude rigide et contrôlante, peu à l'écoute des besoins réels de leur « adulte en devenir ».

Pour l'adolescent, l'insolence, l'impolitesse, le manque de respect deviennent donc des manifestations, bien maladroites, de son besoin de développer sa propre identité en confrontant l'autorité, les règles, les limites et les valeurs de ses parents.

« Je parlerai bien comme je veux ! »
« C'est pas de tes affaires ! J'ai le droit de faire comme je veux ! »
« Fichez-moi la paix ! Laissez-moi donc tranquille ! »
« C'est MA chambre, alors... »

Par l'insolence et la provocation, l'adolescent veut exprimer son indépendance : il critique, répond brusquement et insulte même parfois. C'est pour lui une façon de créer cette distance dont il a tant besoin. Il vit un tel paradoxe intérieur que la provocation devient pour lui un moyen de se libérer. Souvent, les adolescents les plus insolents sont les plus dépendants de leurs parents : se séparer d'eux leur fait mal, alors ils confrontent intensément.

Comment expliquer leurs sautes d'humeur ?

Une caractéristique évidente de la « crise d'adolescence » est cette capacité qu'a notre ado d'être calme, serein, enjoué à un moment de la journée, puis de passer en un éclair en mode « ado en crise » qui s'offusque, s'oppose, argumente, crie, bref, pète les plombs pour des choses qui nous apparaissent parfois anodines. Nos adolescents ont beau être dans une période intense de leur vie, leurs sautes d'humeur nous étonneront toujours.

Ces écarts d'humeur sont normaux chez les adolescents en raison de la tempête hormonale qui sévit dans leur corps, mais c'est probablement la caractéristique la plus difficile à accepter pour les parents. Bien souvent, nos adolescents comprennent mal leurs propres réactions excessives, ne se sentent pas « en contrôle » de leur corps ou de leurs émotions et ne se reconnaissent plus eux-mêmes.

Certains jeunes vivent ce conflit intérieur plus intensément que d'autres, selon le contexte familial et le type d'autorité ou d'encadrement des parents. Plusieurs sont confrontés à des situations qui les rendent plus vulnérables (intimidation à l'école, deuil, séparation des parents, problèmes scolaires...), et qui risquent d'amplifier les crises ou les manifestations d'agressivité. Une escalade des sautes d'humeur peut indiquer que l'adolescent est angoissé, qu'il souffre, voire qu'il est en détresse.

Si c'est le cas de votre jeune, soyez à l'écoute. Cet état peut n'être que temporaire et découler de sa difficulté à surmonter certains problèmes ponctuels ou à prendre ses distances face aux pépins courants de la vie. Par contre, si cette situation persiste au-delà de deux semaines et que vous avez tenté, en vain, de l'aider, mieux vaut guider votre ado vers une aide appropriée et lui permettre d'exprimer cette souffrance autrement que par de la colère ou de l'agressivité. Voici des éléments qui pourraient vous mettre la puce à l'oreille :

* problèmes de comportement à la maison ou à l'école ;
* problèmes d'apprentissage ;
* crises de colère ;
* retrait des activités sociales habituelles/pas de communication avec ses amis ;
* cauchemars fréquents ou autres troubles du sommeil ;
* problèmes physiques comme des nausées, des maux de tête, un gain ou une perte de poids ;
* peur ou anxiété importantes ;
* tristesse ou dépression persistantes.

Quand ses sautes d'humeur se résument à la déprime

Les sautes d'humeur de certains adolescents se manifestent parfois plus silencieusement, par un certain mal-être, l'isolement, la tristesse, les blues, la déprime. Notre ado peut ressentir de la fatigue, subir des troubles alimentaires ou éprouver un désintéressement vis-à-vis de

...école. Il peut également être insensible à ce que les parents lui disent ou même ignorer ces derniers, être plus irritable et perdre tout intérêt pour des activités qui le motivent habituellement (sports, loisirs...). Bref, des manifestations qu'on pourrait, à tort, mettre sur le compte d'une crise d'adolescence particulièrement intense. Il faut être vigilant et, dans le doute, consulter (voir le chapitre «Mon ado a les blues!», à la page 63).

Comment réagir en tant que parent?

Les parents qui ont eu des ados savent combien cette phase exige adaptation, ajustements et patience! Mais est-ce toujours possible de garder son calme quand notre jeune nous manque de respect et nous envoie paître constamment? Pas évident! Le premier réflexe de bien des parents est de réagir impulsivement, de se mettre en colère et de répondre avec la même arrogance que leur jeune, le tout arrosé d'injures et d'insultes. Au diable le respect!

Cette façon de réagir entraîne malheureusement une escalade, avec des conséquences parfois regrettables sur la relation parent-ado qui peuvent même mener à une détérioration du lien, voire à une coupure totale de toute communication. Ce n'est guère souhaitable. Toutefois, cela ne veut pas dire que nous devons tout accepter sans jamais émettre la moindre protestation et sans intervenir. Loin de là! Mais en sachant que la provocation est «normale» à cet âge, il nous est plus facile de comprendre que ces comportements ne sont pas nécessairement des *attaques personnelles* et de ne pas réagir excessivement chaque fois.

Voici des exemples de réaction d'un père à une remarque très impolie de son ado:

D'un ton colérique:
* «*Pour qui te prends-tu pour me parler sur ce ton? Tu n'es qu'un...*»

Quand adolescence rime avec

D'un ton plus posé :
« Pardon ? Pourrais-tu répéter ce que tu viens de dire ? »

Cette dernière façon d'intervenir (faire une pause dans la discussion et lui demander de répéter ce qu'il a dit) a généralement un effet immédiat : votre ado pourrait être déstabilisé en réalisant ce qu'il vient de dire, hésiter à le répéter, tenter de reformuler ses mots avec un bémol ou même refuser carrément de redire des paroles qu'il regrette déjà ! C'est souvent un excellent moyen de baisser le niveau de tension d'un cran et d'intervenir avec respect.

La politesse, le savoir-vivre et le respect ne sont certainement pas des notions dépassées, et pourtant, nous semblons parfois y accorder peu d'importance, au nom de la liberté d'expression de notre adolescent ou parce qu'il est plus simple de le laisser faire que d'intervenir. C'est une erreur ! Inculquer à notre enfant ces notions de base, c'est lui rendre service. Un jeune bien élevé est toujours gagnant : il sera plus agréable pour les autres, aura une meilleure vie sociale et professionnelle et, de surcroît, une plus grande estime de soi. À l'inverse, un jeune qui ne sait pas se comporter correctement va en subir les conséquences, aujourd'hui et dans le futur. Il sera jugé par les adultes, les enseignants, le futur employeur et les collègues de travail.

Servir soi-même d'exemple
Évidemment, la meilleure façon d'inculquer le respect et la politesse à nos jeunes, c'est de leur montrer l'exemple. Attention donc de ne pas devenir vous-même impoli et irrespectueux lorsque vous vous adressez à votre enfant ! Souvenez-vous qu'un adolescent a tendance à copier les modèles d'expression des adultes. Posez vos limites, mais toujours dans le calme. Être respectueux de son adolescent, c'est, entre autres :

- Ne pas lui parler comme s'il était encore un enfant.
* Nommer les comportements inadéquats ou désirés plutôt que de dénigrer la personne. Dire : «Voudrais-tu vider le lave-vaisselle, s'il te plaît?», plutôt que : «Pourquoi es-tu si paresseux? Tu n'as même pas vidé le lave-vaisselle!»
* Le laisser s'exprimer. Un adolescent qui n'a pas l'occasion d'exprimer ses pulsions, ses besoins, risque de les exprimer négativement à l'extérieur de la famille (à l'école, par exemple). Un jeune que nous étouffons gardera en lui ces conflits non résolus qui peuvent affecter son estime de soi («Je suis nul, je me suis laissé faire, je n'ai pas eu le courage de dire non, de m'affirmer») ou détériorer les liens familiaux («Mon père a été dur avec moi, il ne m'a jamais écouté, ni compris...»).

«Je me fâche et m'emporte quand mes parents sont injustes et qu'ils ne me laissent pas parler.»

* Nous excuser et savoir reconnaître nos erreurs auprès de notre adolescent. Cela nous donne de la crédibilité comme parents : «Excuse-moi pour tantôt... Je me suis mise en colère pour rien.»
* Exiger le respect entre frères et sœurs également. Ne tolérez pas les insultes entre frères et sœurs. Le respect et la politesse constituent un *mode de vie*, et non pas un comportement à manifester aux parents seulement.

L'importance du respect

Ne répondez jamais par des injures ou par un manque de respect : «Tu n'es qu'un... Ferme-la, je ne veux plus t'entendre!» En réagissant très fortement, en répondant par des injures ou des insultes ou en menaçant votre ado de punitions extrêmes, vous vous comportez comme un jeune de son âge. Qui plus est, vous le poussez à croire qu'il avait raison de penser que son parent n'est pas si respectable que ça! En consultation, on entend souvent des adolescents affirmer ceci : « Je traite mes parents de la même façon qu'ils me traitent ! »

> Traitons notre adolescent comme nous traiterions tout adulte, et comme nous aimerions nous-mêmes être traités.

Il est vrai que les règles du jeu ne sont plus les mêmes lorsque notre enfant devient adolescent. Il faut donc s'attendre à ce qu'il veuille les contester, s'y opposer, argumenter, nous contredire sans arrêt avec cette dose, occasionnelle ou non, d'impolitesse et de manque de respect, à laquelle nous devons réagir.

Ne pas faire l'autruche : toujours intervenir
Comprendre son adolescent ne veut pas dire nécessairement tout accepter. Nous devons respecter nos limites et être capables de lui signaler quand celles-ci sont dépassées. Nous ne devons surtout pas le laisser faire de crainte que notre ado ne nous aime plus si nous intervenons. Même s'il cherche à se distancer de nous, il n'arrête pas de nous aimer pour autant. Évitons donc de faire semblant de ne pas avoir entendu ses insolences, car cela lui envoie le message que son attitude irrespectueuse est maintenant acceptable, et cela aggrave les choses.

En tant que parents, nous devons établir un cadre fixe et non négociable concernant la politesse et le respect. Ce n'est pas parce que notre jeune a atteint l'âge de l'adolescence que nous devons être plus flexibles à ce sujet. C'est une période d'autonomie *conditionnelle* : nous acceptons de faire des compromis sur certaines choses, alors que sur d'autres, dont la politesse et le respect pour lesquels c'est tolérance zéro, notre position demeure fixe.

Bien établir les limites et les règles
Soyons clairs dans nos demandes et établissons nettement les règles minimales auxquelles nous tenons et qui sont non négociables. Nous devons nous assurer que notre adolescent comprend bien ces règles, afin qu'il puisse les intégrer dans son comportement. Notamment, il doit accepter qu'il est important de s'autocensurer et qu'il ne doit pas agir avec nous (ou avec tout autre adulte) comme s'il était en présence d'un ami. Il doit toujours respecter la limite parent/adolescent : on n'est pas son ami, il doit faire cette distinction.

Faire le lien désobéissance = conséquences et punition
Lorsque les comportements d'impolitesse ou de manque de respect sont *occasionnels* (causés parfois par une soudaine impulsivité), on peut simplement donner *un avertissement* :

> *« Ne me parle pas de cette façon, je suis ta mère. »*
> *« Change de ton quand tu me parles. »*
> *« Tu pourrais dire "s'il te plaît", non ? »*

Par contre, si le comportement est fréquent ou même constant, il y a lieu de sévir en appliquant une sanction conséquente : couper l'accès à la télévision, interdire les jeux vidéo pour le week-end, priver le jeune d'une sortie... Quand les règles ne sont pas respectées, les conséquences ont encore lieu d'être, même à l'adolescence !

Discuter des raisons de son comportement
On l'a dit, il est normal que nos ados aient tendance à s'opposer ou à nous manifester, *à l'occasion*, des signes d'irrespect ou d'impolitesse. Par contre, lorsque cela devient récurrent, constant et que ce comportement semble faire partie de leur attitude en général et au quotidien, il y a lieu de s'interroger. Un jeune qui devient insolent, irritable ou agressif vit peut-être une situation difficile. Il faut alors essayer de comprendre ce qui se passe, particulièrement s'il y a de la nouveauté

dans la vie de famille (deuil, séparation, déménagement, nouveau conjoint/conjointe, cohabitation et famille recomposée...).

Vérifier ses fréquentations

Si votre adolescent, pourtant en général poli et respectueux, manifeste soudainement des comportements insolents et que vous notez un certain relâchement de sa part, c'est peut-être qu'il subit la mauvaise influence de ses amis. À l'adolescence, notre jeune a de plus en plus besoin d'avoir des amis proches, de fréquenter des jeunes de son âge et d'avoir un groupe de copains. Ces amis prendront graduellement de l'importance, au point où il se tournera vers eux pour combler son désir de s'affirmer, de se valoriser et de s'identifier. L'influence qu'ils auront sur lui entrera progressivement «en concurrence» avec la nôtre (voir le chapitre «L'importance de l'amitié à l'adolescence», à la page 105).

Partager notre vécu entre parents

En tant que parents, il est parfois utile de parler de nos problèmes avec d'autres parents : on se sent moins seuls quand on partage ce qu'on vit ou qu'on en rit ensemble. Cela procure généralement un effet de soulagement et nous permet de relativiser les choses, de prendre une certaine distance.

Demander de l'aide, au besoin

Si le problème d'impolitesse perdure et que vous n'arrivez pas à entamer une discussion ouverte avec votre ado, ou si son comportement semble indiquer qu'il vit une situation difficile que vous ne parvenez pas à cerner avec lui, l'aide d'un intervenant peut être très utile. Il en est de même si ces manifestions deviennent violentes (fortes crises, colère, agressivité, isolement...), indiquant qu'il souffre, qu'il a des problèmes qui le dépassent. Un comportement violent est signe d'un mal-être qui nécessite une intervention. Il faut agir avant qu'il ne devienne un danger pour lui-même ou pour les autres.

On se souvient...

La politesse n'est pas innée, c'est un *apprentissage* qui se vit dans le quotidien et qui commence dès le bas âge. L'adolescent n'est pas encore un adulte, alors il ne faut pas oublier que répéter et intervenir font toujours partie de notre rôle de parents, même à l'adolescence!

Plus vous respectez votre adolescent, meilleures sont vos chances de maintenir une belle relation avec lui et de gagner son respect. Respecter ne veut surtout pas dire tout tolérer de sa part, mais plutôt bien l'encadrer et le traiter comme une personne ayant *ses* idées, *ses* opinions, *ses* idéaux, *qui peuvent parfois différer des vôtres*.

Son processus cognitif lui procure une capacité de raisonnement supérieure à celle des enfants plus jeunes et cela lui permet donc d'argumenter avec vous pendant de longues périodes. À l'adolescence, il faut s'armer de patience et accepter que la négociation prenne une place au cœur de notre vie.

Qu'est-ce qu'un « parent-copain » ?

Un « parent-copain », c'est un parent qui se place au même niveau que son adolescent et entretient avec lui une grande proximité, au point d'en oublier son rôle éducatif. Il a, par exemple, tendance à se confier entièrement à son adolescent, à lui faire des confidences sans retenue. Il ne met pas de limites, car il souhaite uniquement avoir du plaisir avec son jeune. Pas question non plus de le réprimander, ou le moins possible, afin de rester *cool* à ses yeux!

Les parents-copains sont souvent des adultes qui luttent contre la peur de vieillir. En établissant une relation d'égal à égal avec leur adolescent, en évitant de jouer leur rôle d'éducateurs, ils ont l'impression de rajeunir. Certains vont jusqu'à s'habiller comme leur jeune, nourrissent les mêmes intérêts et écoutent la même musique, ce qui est assez déroutant pour un adolescent qui cherche justement à affirmer sa différence et à trouver sa propre identité ! Vouloir être à ce point proche de son ado, c'est annuler cette distance dont ce dernier a pourtant besoin pour se diriger vers l'âge adulte.

Le parent-copain veut donc être le complice de son jeune, au détriment du rôle d'éducateur. Le problème se pose lorsqu'il doit, inévitablement, reprendre son rôle parental et faire des interventions. Alors, l'adolescent ne comprend pas le pourquoi de ce revirement, de ce changement d'attitude et ne l'accepte pas, ou très difficilement, puisque le parent-copain a déjà perdu toute crédibilité en matière d'autorité.

Les adolescents de tels parents manquent évidemment de repères, de limites, puisque les parents les ont eux-mêmes mis de côté par peur de perdre l'amour de leurs jeunes. Le processus va comme suit : lorsque son enfant entre dans l'adolescence, le parent sent qu'il veut s'éloigner de lui et établir une distance (une attitude qu'il interprète comme une perte d'amour), alors il cherche à compenser cet éloignement en devenant son copain.

Parent absent/Parent-copain

Bien des parents relativement absents de la vie quotidienne de leurs enfants prennent le rôle de parents-copains. Leurs absences peuvent être attribuables à un horaire de travail chargé, à un travail à l'extérieur de la région, à un divorce, entre autres. L'augmentation du nombre de gardes partagées peut aussi expliquer cette tendance. Ainsi, ne voyant leurs enfants que pendant de courtes périodes (ou des périodes espacées), certains parents adoptent une attitude de copains pour favoriser une bonne relation. Faute de temps passé ensemble, ils évitent les interventions. On entend souvent le parent qui a la garde quotidienne de l'enfant se plaindre d'avoir le « mauvais rôle » !

Même si, pour des raisons de distance physique ou de garde, vous ne partagez pas la vie quotidienne de votre jeune, votre rôle demeure celui d'un éducateur.

Souvent qualifiés de « parents immatures » ou d' « éternels adolescents », les parents-copains sont des adultes qui ne veulent pas faire face à leurs responsabilités parentales et ne peuvent pas combler ce besoin qu'ont les jeunes d'être « parentés », c'est-à-dire, entre autres, d'apprendre les règles et les limites essentielles pour se préparer à la vie d'adulte. Un copain ne peut pas lui apprendre cela, mais un parent... oui !

Les psy-trucs

1. Comprendre pourquoi notre ado, comme à peu près tous les ados, adopte des comportements provocateurs afin de traverser plus facilement cette « crise d'adolescence » !

2. Prendre conscience que les comportements de provocation peuvent exprimer un fort besoin d'indépendance ou d'autonomie chez l'adolescent, qui est soumis à des changements physiques et émotionnels très importants.

3. Ne jamais répondre par des injures ou par un manque de respect, car cela mène vers une escalade déplorable. Nous sommes les adultes, après tout !

4. Demeurer respectueux dans nos interventions auprès de notre ado. Traiter notre jeune comme nous aimerions nous-mêmes être traités ou comme nous traiterions tout autre adulte.

5. Laisser notre jeune s'exprimer (ne pas l'étouffer) lors d'argumentations ou de confrontations, pour préserver son estime de soi et notre relation.

6. Toujours intervenir devant un comportement insolent ou impoli : ce n'est pas parce que notre jeune a atteint l'adolescence que nous devons être plus flexibles en ce qui concerne la politesse et le respect !

7. Prêter attention au jeune s'il manifeste de fortes crises, est très colérique ou violent, car ces signes pourraient indiquer un mal-être important nécessitant peut-être une aide professionnelle.

8. Éviter le rôle de parent-copain, tenu par peur de perdre l'amour de notre adolescent ou pour avoir l'air *cool* à ses yeux. Notre rôle reste celui d'un parent éducateur, même à l'adolescence.

Mon ado
a les blues !

Les questions que tout parent se pose :

* Pourquoi les adolescents ont-ils les blues ?
* Quels sont les signes d'une dépression chez un adolescent ?
* Quelles sont les causes possibles de la dépression chez un adolescent ?
* Comment aider mon jeune à surmonter la déprime ou la dépression ?
* Mon ado a-t-il des idées suicidaires ?

Pourquoi les adolescents ont-ils les blues ?

C'est connu, à l'adolescence, les jeunes ont une *humeur très changeante*. Ils sont alors soumis à des bouleversements importants, sur les plans hormonal et psychologique, qui ont une incidence sur leur comportement ou leur caractère. En pleine crise d'identité, ils peuvent manifester, entre autres, de l'irritabilité, de l'agressivité ou de la timidité, avoir des écarts de conduite et, parfois, présenter une humeur frôlant la déprime. Outre les conflits et l'humeur changeante, ce qui est peut-être le plus difficile à accepter pour nous, parents, c'est le *mal-être* qui habite notre ado.

Ce mal-être « normal », que presque tous les jeunes ressentent à un moment ou un autre de leur adolescence, est différent de la dépression. Nous parlons ici d'un malaise généralement temporaire ou éphémère. Nos jeunes sont donc parfois mal dans leur peau et se sentent dévalorisés dans ce monde en mutation. La plupart vivent des problèmes dans divers domaines : familial (incompréhension, conflits, manque de communication...), scolaire (pression, difficultés à l'école, problèmes d'adaptation...) ou social et sentimental (amitié, ami de cœur, timidité, intimidation...). Ces difficultés peuvent provoquer chez nos adolescents une période de cafard (qu'on appelle communément les blues) ou de déprime épisodique et temporaire qui nous attriste en tant que parents et nous laisse souvent impuissants.

Déprime ou dépression?
Distinguons d'abord ces deux termes.

* **Déprime :** Mal-être passager (sentiment de fatigue, d'ennui, d'épuisement, de tristesse) et épisodique (de quelques jours en général) en réaction à un événement perturbant. La déprime n'entraîne pas de changements durables dans le comportement ou l'attitude de nos adolescents.
* **Dépression :** Maladie psychologique caractérisée par un mal-être ou un état profond de désespoir, de tristesse, qui perdure sur une plus longue période et entraîne des changements de comportement durables.

Être à l'affût de ces moments difficiles et tenter d'ouvrir le dialogue avec notre jeune ou, du moins, lui signifier que nous sommes là pour lui s'il veut nous en parler, voilà bien souvent les seuls outils que nous ayons pour l'aider. Mais encore faut-il qu'il soit réceptif à notre soutien puisque, malheureusement, la majorité des adolescents se tournent plutôt vers leurs amis pour se confier ou demander de l'aide.

Si votre adolescent vous parle de son cafard, ne le prenez pas à la légère, car le fait qu'il s'ouvre ainsi signifie que cela l'inquiète sérieusement. Notre rôle, en tant que parents, est d'être attentifs aux états d'âme de nos adolescents, de tenter de leur donner notre point de vue dans certaines situations difficiles et, surtout, de rester disponibles pour les écouter. Il faut également être vigilants afin de s'assurer que cette humeur mélancolique ou ce mal-être ne sont pas persistants ni ne constituent le signe d'une dépression.

Quels sont les signes d'une dépression chez un adolescent?

Les adolescents vivent souvent des périodes d'inquiétude passagères ou des coups de blues momentanés. Ils ont, par exemple, du mal à surmonter un nouveau problème ou à composer avec certains soucis. Bien que ces périodes de cafard soient monnaie courante à cette étape de leur vie, il faut s'inquiéter si elles persistent plus de quelques semaines : cela peut être le symptôme d'une dépression.

Ce qui est particulièrement difficile avec les adolescents, c'est de distinguer la dépression d'une période de mélancolie ou de blues passagers, surtout chez les ados introvertis qui ont plutôt tendance à cacher leurs états d'âme et à se refermer sur eux-mêmes. Nos jeunes rechignent souvent à se confier à nous, leurs parents ; par conséquent, quand nous leur posons des questions à ce sujet, ils ont tendance à nier leurs problèmes, notamment par désir de protéger leur autonomie, si chèrement et si progressivement acquise. Il est toutefois important de bien noter le moment où les symptômes apparaissent, la gravité de ceux-ci et les changements de comportement ou d'attitude. Si ces changements perdurent au-delà de deux ou trois semaines, il est fort probable que le problème vécu soit plus profond et puisse mener à une dépression. Il faut donc rester en alerte.

Contrairement aux adultes, les adolescents en dépression ne sont pas nécessairement tristes ou en pleurs toute la journée. L'irritabilité, l'hostilité, les sautes d'humeur, les frustrations peuvent également être des manifestations d'un état dépressif. Voici quelques signes qui, *s'ils sont persistants ou s'ils s'intensifient*, devraient vous mettre la puce à l'oreille. Votre adolescent :

* affiche une tristesse persistante et semble s'ennuyer ;
* ne voit plus ses amis, reste seul et s'isole de la famille ;

* n'apprécie plus ses activités préférées ou les abandonne (sport, jeux vidéo...);
* est irritable;
* se plaint fréquemment de maux de ventre ou de maux de tête;
* semble indifférent face à l'école (n'y voit plus d'intérêt);
* a de moins bons résultats scolaires que d'habitude;
* manque de concentration;
* prend moins soin de son apparence personnelle;
* présente une baisse d'énergie générale;
* verbalise de grandes remises en question ou des idées suicidaires;
* se dénigre constamment (autodévalorisation): «Je suis bon à rien», «Personne ne m'aime»;
* affiche des changements évidents dans sa personnalité;
* surconsomme drogue ou alcool;
* modifie ses habitudes alimentaires (perte d'appétit, perte ou prise de poids soudaine);
* présente des troubles du sommeil: s'endort difficilement, se réveille souvent la nuit, fait des cauchemars;
* a tendance à s'automutiler (se coupe, se brûle...).

Malheureusement, il arrive qu'on interprète plutôt ces symptômes comme des signes de paresse, de relâchement, de manipulation ou simplement comme un manque de volonté de la part de notre jeune. Lorsque notre réaction consiste à exercer plus de pression sur lui ou à critiquer son attitude, nous l'enfonçons davantage dans sa déprime. Nous devons donc être à l'écoute et prudents dans notre façon d'intervenir puisqu'un adolescent dépressif est très vulnérable à la critique.

L'adolescent en dépression a souvent tendance à s'autodéprécier. Il affirme qu'il est nul, qu'il n'a envie de rien, que personne ne l'aime, qu'il est moche, inutile, sans intérêt, qu'il ne comprend rien à l'école et que ses cours ne lui serviront à rien... Ces commentaires expriment un découragement, une démotivation et une perte d'estime de soi profonde; s'ils reviennent continuellement, nous devons absolument réagir : c'est un signal d'alerte évident. Malheureusement, ces réflexions d'adolescent sont trop souvent prises à la légère. Il faut aider un jeune qui bascule dans une déprime chronique accompagnée d'un complexe d'infériorité important, et on ne doit pas hésiter à consulter des professionnels afin de l'aider adéquatement.

Quelles sont les causes possibles de la dépression chez un adolescent ?

Certains jeunes se sentent mal dans leur peau, n'éprouvent plus de plaisir, ont de la difficulté à interagir avec les autres (rejet, intimidation...) ou connaissent des échecs à l'école. Alors que plusieurs réussissent à passer à travers ces diverses épreuves sans trop de dommages, d'autres peinent à y faire face et risquent de devenir dépressifs. Les causes précises de la dépression ne sont pas connues, mais les études indiquent que plusieurs éléments, dont les suivants, peuvent contribuer à la dépression chez les ados :

* problèmes familiaux (violence conjugale, conflits perpétuels, abandon ou rejet);
* problèmes scolaires;
* problèmes sentimentaux (peine d'amour, rejet);
* séparation des parents;
* deuil;
* problèmes sociaux (pas d'amis, rejet, intimidation);
* stress trop grand;
* discipline trop stricte ou attentes trop élevées des parents;
* problèmes de consommation d'alcool ou de drogue;
* problèmes de santé (manque de sommeil, anorexie, anxiété généralisée, trouble déficitaire de l'attention avec ou sans hyperactivité);
* antécédents familiaux de dépression.

Le manque de sommeil : déprimant !

Le cliché disant que les ados ont besoin de moins de sommeil que les plus jeunes est totalement faux. Contrairement à ce que l'on peut penser, nos adolescents ont plus que jamais besoin de sommeil pour s'adapter aux multiples changements corporels et psychologiques de la puberté. Il leur est d'ailleurs recommandé de dormir, tout comme les adultes, neuf heures par nuit. Malheureusement, nos jeunes ont tendance à faire l'inverse et se croient capables de réduire leurs heures de sommeil sans en être affectés.

Un manque de sommeil peut pourtant avoir des effets négatifs sur leur santé. D'ailleurs, plusieurs études indiquent que cela augmente les risques de dépression chez nos adolescents et affecte leur moral (ils sont alors plus sujets aux idées noires et aux pensées suicidaires). Essayons de leur passer le message !

Donc, la dépression est plus qu'une simple humeur mélancolique. Elle peut résulter de problèmes importants qu'il faut identifier et traiter le plus rapidement possible. Lorsqu'un adolescent est en dépression, il a besoin que les adultes qui tourbillonnent autour de lui soient présents pour lui venir en aide. C'est à nous d'y voir !

Comment aider mon jeune à surmonter la déprime ou la dépression ?

Même s'il revendique haut et fort plus d'autonomie et d'indépendance, notre adolescent compte toujours sur notre soutien en cas de difficulté. Comme parents, il est primordial d'en prendre conscience et de dire à notre jeune que nous sommes – et serons – toujours là s'il a besoin de nous. Un adolescent qui vit une période de déprime ou qui est en dépression a très certainement besoin de notre soutien et requiert toute notre attention parentale.

Voici quelques suggestions pour aider votre jeune à surmonter la déprime ou la dépression.

Prendre la situation au sérieux

Prenez au sérieux les problèmes ou les sentiments de votre adolescent. Si vous lui dites simplement que ce n'est pas grave et que ça va passer, il pensera que ce qu'il vit ne vous intéresse pas, ce qui empirera d'autant sa déprime! Évitez également de le brusquer en lui disant qu'il exagère, que son comportement est ridicule, qu'il a tout pour être satisfait ou heureux... Cela n'aura pour effet que de lui prouver que vous ne le comprenez pas et il réagira en s'éloignant davantage.

Faire preuve d'écoute et de compréhension

Prêtez attention aux signes de déprime ou de dépression de votre adolescent et montrez-lui que vous êtes disposé à en parler s'il le désire, s'il a besoin d'écoute. Et s'il n'est pas prêt à en parler, soyez compréhensif et évitez de le harceler de questions. Il est plus sage de réessayer plus tard, quand il sera mieux disposé. Indiquez-lui simplement que vous sentez que quelque chose ne va pas et qu'il peut compter sur vous, en tout temps, s'il veut en parler. Il s'agit de garder le canal de communication ouvert.

Évitez de « brasser » votre ado en dépression en lui faisant la morale ou en lui lançant des ultimatums, pensant que cela le motivera à se reprendre en main. Cette stratégie ne fonctionne pas et risque plutôt d'aggraver les symptômes de la dépression. Si votre adolescent est souffrant, il a besoin de compassion et d'empathie. Il doit sentir que vous êtes là pour lui et que vous ne le laisserez pas tomber. Lui montrer que vous êtes présent et disponible, voilà déjà une belle façon de l'aider!

Planifier des activités

Quand un adolescent ne va pas bien, il a tendance à se renfermer et à couper ses activités sociales. Or, l'isolement est le pire ennemi lorsqu'on est déprimé. Il est donc recommandé de l'encourager à faire de petites sorties avec ses amis (cinéma, resto, activité physique, etc.). Vous le savez, tout nous paraît lourd et compliqué lorsque notre moral est bas, et il est donc normal de préférer se passer d'activités plutôt que d'avoir à les organiser soi-même. Offrez-lui alors de tout planifier pour lui et de vous occuper des transports. Pourquoi ne pas inviter ses amis à une soirée pizza-cinéma à la maison? Tout en dosant votre désir d'intervenir (ne vous imposez pas trop), cherchez des façons d'encourager votre ado à demeurer en relation avec les autres jeunes de son âge. C'est une bonne manière de l'aider à surmonter son mal-être et à se sentir important à vos yeux.

Favoriser l'activité physique

C'est connu, l'exercice permet de se sentir mieux dans son corps et aide grandement à diminuer les symptômes de la déprime et de la dépression. L'activité physique augmente la sécrétion d'endorphines (cousines de la morphine) et de la sérotonine, des hormones qui chassent les tensions et les douleurs et provoquent une sensation de bien-être, voire d'euphorie, qui se prolonge après l'activité physique. Il est donc recommandé d'encourager un adolescent déprimé à demeurer le plus actif possible, tout en débutant par des activités de courte durée (qui lui paraîtront moins «lourdes»): marche avec le chien, promenade en vélo, courte randonnée de ski de fond... Sans compter que ces sorties lui permettront de faire le plein de lumière. Et puisque le manque de lumière exerce un effet nocif connu sur le moral, vous mettrez ainsi toutes les chances de son côté.

Si rien ne lui plaît, pas même les activités qu'il adorait faire auparavant, le mal-être de votre adolescent est probablement plus sérieux qu'une simple déprime; la dépression est dans ce cas fort probable. Consultez un professionnel de la santé pour que votre jeune reçoive les soins dont il a besoin.

Rire !

Tout comme l'activité physique, les éclats de rire provoquent une sécrétion accrue d'endorphines, des hormones très bénéfiques pour le corps et l'humeur. Pas surprenant que l'on fasse un peu partout la promotion de certaines thérapies par le rire ! N'hésitez donc pas à suggérer à votre adolescent toute activité pouvant l'amuser : spectacle d'humour, comédies, émissions de télé humoristiques...

Favoriser une bonne alimentation

Même si bien manger ne guérira pas votre adolescent, certains aliments peuvent tout de même l'aider à retrouver un peu d'énergie. Des aliments riches en magnésium, en fer et en vitamines du groupe B sont à privilégier puisque leur carence peut augmenter les problèmes de fatigue, d'anémie, d'irritabilité ainsi que les troubles du sommeil. N'hésitez pas à proposer des repas spécialement préparés, et présentés de façon à le motiver à bien s'alimenter et à reprendre un peu le moral !

Intervenir rapidement en cas de dépression

Si la déprime de votre adolescent s'aggrave au point de devenir une dépression, faites appel rapidement à des services professionnels compétents (médecins, psychologues) afin de l'aider à surmonter ce problème majeur. Une dépression non soignée peut avoir de grandes répercussions, à court et à long termes, dans toutes les sphères de la vie de votre jeune si elle n'est pas traitée à temps. Tout retard de traitement est dangereux et peut amener votre ado à nourrir des idées suicidaires.

Voici quelques conseils pour mieux intervenir :

✳ **Chercher l'aide appropriée.** Une dépression nécessite une consultation chez un professionnel de la santé, qui saura prendre les mesures appropriées. Un diagnostic de dépression mène souvent à un traitement, notamment la psychothérapie ou la prise de médicaments (ou une combinaison des deux). Heureusement, dans la majorité des cas, cette maladie se traite très bien, surtout lorsqu'elle est diagnostiquée tôt et qu'on s'assure que le jeune obtient l'aide dont il a besoin.

* **Accompagner son jeune dans sa démarche thérapeutique.** Assurez-vous que votre adolescent suit bien le traitement prescrit par le médecin ou par le thérapeute et accompagnez-le dans sa démarche. Surtout, ne le culpabilisez pas si les résultats ne sont pas aussi rapides que vous le souhaiteriez ; chaque personne se rétablit à son propre rythme. Si les symptômes de dépression s'aggravent malgré le traitement, n'hésitez pas à communiquer avec le médecin. D'ailleurs, il n'est pas toujours facile de vivre au quotidien avec une personne dépressive. Il vous sera peut-être utile d'aller chercher de l'aide pour vous-même afin d'être en mesure d'accompagner adéquatement votre jeune en dépression.

* **S'informer.** Procurez-vous de la documentation sur la dépression à l'adolescence. Mieux vous serez informé sur le sujet, plus vous pourrez aider votre jeune convenablement. En partageant ces informations avec lui, vous lui permettrez de mieux comprendre ce qu'il vit.

Et s'il parle de suicide ?

Si votre adolescent parle de suicide, qu'il exprime son désir de mourir et verbalise que tout serait plus simple ainsi, prenez cet appel à l'aide au sérieux. Certains parents se sentent perturbés lorsqu'ils entendent leur adolescent parler ainsi (ils ont peur, honte, se sentent coupables, sceptiques ou ont peine à le comprendre) ; ils tentent d'éviter le sujet, détournent l'attention vers autre chose et n'en reparlent plus, en espérant que l'adolescent oubliera cette idée. Malheureusement, il n'en est rien et cette attitude revient à nier la souffrance du jeune, qui se sentira encore plus incompris.

Il est également inutile de réagir brusquement en voulant «secouer» votre adolescent, de lui faire la morale et de le culpabiliser. Cela risque d'aggraver la situation et de le pousser à s'isoler davantage. *Un ado qui parle de suicide est un ado qui souffre beaucoup* et qui se sent déjà suffisamment dévalorisé, alors il faut éviter d'en remettre. Un adolescent en crise doit se sentir aidé, entouré et compris. Ouvrez donc le dialogue et, surtout, ne pensez pas que ses propos sont une façon de faire du chantage émotif. Prenez ses paroles au sérieux et consultez rapidement un professionnel de la santé.

Mon ado a-t-il des idées suicidaires ?

Le suicide est, après les accidents de la route, la deuxième cause de mortalité chez nos adolescents. Par le suicide, ils espèrent sortir d'une situation difficile, intolérable, *qu'ils jugent sans issue*. Les adolescents qui ont des tendances suicidaires ont souvent une faible estime de soi et se sentent non désirés ou rejetés. Ils n'ont pas encore trouvé leur place ou leur valeur dans ce monde. Ils n'ont habituellement pas de but dans la vie, ne s'impliquent pas dans les activités, manquent de relations amicales et sont isolés à l'école... Bref, ils n'éprouvent aucun intérêt envers la société et aucune motivation à vivre.

Il arrive malheureusement que certains adolescents envisagent le suicide comme la solution permanente à des problèmes qui ne sont, la plupart du temps, que temporaires. Le manque de confiance en eux et la difficulté à faire face à certaines pressions familiales ou sociales les poussent malheureusement vers ce geste fatal, puisqu'ils sont persuadés que personne ne peut les aider.

En plus des pressions normalement exercées sur les adolescents, des circonstances particulières peuvent les rendre plus vulnérables au suicide, notamment :

* le divorce des parents ;
* la violence physique ;

* les agressions de nature sexuelle ;
* la violence conjugale à la maison ;
* l'alcoolisme au foyer ;
* la perte d'un être cher ;
* l'abandon ou le rejet (de la famille) ;
* l'intimidation ;
* un suicide dans la famille ou chez des amis ;
* un malaise lié à l'identification sexuelle (homosexualité) ;
* des fugues, des placements répétitifs en foyer ou en centre d'accueil ;
* une surconsommation d'alcool ou de drogue.

Consultez immédiatement si...

... votre adolescent présente les signes suivants :

* il parle souvent du suicide (même en plaisantant) ;
* il affirme qu'il serait mieux mort, que tout serait plus simple ainsi ;
* il croit que les gens pourront l'aimer seulement lorsqu'il sera mort ;
* il distribue ses biens (téléphone multimédia, console et jeux vidéo, ordinateur portable...) ou verbalise à qui il voudrait léguer certains objets s'il mourait ;
* il fait ses salutations ou ses adieux aux gens de son entourage (comme s'il les voyait pour la dernière fois) ;
* il envoie des messages inquiétants (textos ou dans les réseaux sociaux).

Si votre adolescent a ce type de comportement, consultez sans tarder un professionnel de la santé. C'est essentiel !

Les psy-trucs

1. Prendre conscience qu'il est normal que certains ados vivent des périodes de mal-être, puisque cette étape de leur vie comporte de grands bouleversements.

2. Savoir distinguer déprime et dépression. La déprime est une humeur maussade passagère (au plus deux ou trois semaines), alors que la dépression perdure sur une plus longue période (plusieurs semaines) et entraîne des changements de comportement durables.

3. Prendre conscience que plusieurs situations peuvent mener à la dépression chez les adolescents : deuil, échec scolaire, problèmes familiaux dont la séparation des parents, problèmes avec les amis, intimidation, difficultés scolaires...

4. Connaître les signes les plus fréquents de la dépression : tristesse prolongée, fatigue, isolement, perte de motivation, irritabilité, agressivité, troubles du sommeil.

5. Agir rapidement si notre adolescent montre des signes de dépression afin de minimiser les conséquences de cette maladie à long terme. Consulter un professionnel de la santé sans hésiter.

6. Se rappeler que l'adolescent a besoin des adultes qui sont autour de lui pour guérir d'une dépression. Il a besoin de leur écoute, de leur empathie et de leur compassion.

7. Éviter de juger notre adolescent ou de banaliser son mal-être. Prendre son état au sérieux et reconnaître qu'il est souffrant.

8. Encourager notre jeune à faire des activités sociales et physiques qui vont lui permettre de prendre l'air, de se changer les idées et de rire.

9. Accompagner notre adolescent lors de ses rendez-vous chez le médecin ou le psychologue.

10. Prendre conscience que la dépression peut mener au suicide. Si notre adolescent parle de mort ou dit vouloir disparaître, éviter de banaliser ses propos ou de croire que c'est de la manipulation. Prendre le jeune au sérieux et intervenir immédiatement en demandant l'aide d'un professionnel de la santé.

L'autorité et les règles : nos ados en ont-ils encore besoin ?

Les questions que tout parent se pose :

* **Pourquoi nos ados s'opposent-ils à nos règles ou les contestent-ils tant ?**
* **Est-ce que tous les adolescents défient les règles et l'autorité ?**
* **Les règles et la discipline ont-elles toujours leur place à l'adolescence ?**
* **Comment réagir quand l'adolescent s'oppose ou conteste ?**
* **Comment faire respecter les règles à la maison ?**
* **Comment intervenir si mon ado ne respecte pas les règles ?**
* **Dois-je encore imposer des conséquences ?**

Nos adolescents réclament le droit d'aller à leur sortie du vendredi soir, de coucher chez des amis, de manger dans leur chambre ou devant la télévision, de se coucher à l'heure qu'ils veulent ou de passer le temps qu'ils jugent nécessaire devant l'ordinateur en clamant que c'est leur droit, leur vie, leurs affaires ! Il faut se rendre à l'évidence : quand arrive l'adolescence, tout devient discussion, tout devient négociation !

Pourquoi nos ados s'opposent-ils à nos règles ou les contestent-ils tant ?

Durant l'adolescence, l'éducation de nos jeunes se complique. Même des choses qui semblaient pourtant acquises (comme faire son lit ou sa chambre, ranger ses souliers ou ses vêtements) semblent lourdes, dépassées ou perdent carrément toute importance à leurs yeux. Plusieurs règles de la maison sont soudainement sources de tensions, de discussions et de renégociations. Il nous faut nous résigner et prendre notre mal en patience puisque cette opposition est tout à fait normale, le temps que notre jeune devienne un adulte. Pour l'adolescent qui est en train de se construire en tant que futur adulte, l'autorité, quelle qu'elle soit, représente une atteinte à sa liberté. L'opposition devient pour lui une manière de s'affirmer ; la contestation et les « non » lui procurent le sentiment d'exister. Refuser à peu près toutes les règles, les remettre en question ou contester leur validité, voilà des comportements typiques à cet âge. Ce passage obligé est une étape *constructive* pour cet adulte en devenir.

Notre adolescent a tendance à s'opposer ou à réagir très fortement pour plusieurs raisons :

* pour tester nos règles, nos limites, nos valeurs ;
* pour réagir contre toute tentative d'empiétement sur « son » territoire, physique ou psychologique ;
* pour dénoncer des paroles ou des comportements dévalorisants de la part du parent ;
* pour contrer toute tendance que nous aurions à le traiter (encore) comme un enfant ;
* parce qu'il a l'impression que l'on n'écoute pas ses désirs, ses besoins, ses idées ou ses choix.

Notre jeune remet en question notre autorité non pas simplement par mauvaise foi, pour le plaisir de nous contredire, de nous déplaire ou pour susciter notre colère, mais bien parce qu'il est de plus en plus en mesure de faire lui-même des choix éclairés et qu'il veut les exprimer. Il réclame donc qu'on lui fasse de plus en plus confiance.

Est-ce que tous les adolescents défient les règles et l'autorité ?
Tous les adolescents, même les plus dociles, s'opposent ou défient les règles d'une manière ou d'une autre. Il faudrait même s'inquiéter si tel n'était pas le cas. Ces comportements d'opposition sont normaux,

:nt occasionnels ou soutenus, sur de courtes ou de longues
Tous ressentent le besoin, à un moment ou un autre, de se
frotter à l'autorité du parent ou de toute autre figure d'autorité (par
exemple, un intervenant ou un enseignant).

Ce niveau d'opposition et de frustration qui se bâtit chez le jeune
fait partie de sa phase d'affirmation ; il contribue à définir et à
construire sa propre personnalité, ce qui le mènera progressivement
vers le monde des adultes. Cette crise d'identité amène son flot
d'agressivité, d'irritabilité ou de changements d'humeur, surtout si les
parents adoptent une attitude rigide et contrôlante.

Généralement, l'intensité et la fréquence de l'opposition varie d'un
adolescent à un autre selon :

* le tempérament ;
* l'âge ;
* la qualité de la relation adolescent- parent ;
* le type d'autorité des parents.

Le contexte familial dans lequel évolue le jeune compte pour
beaucoup dans son besoin de s'opposer. S'il vit dans une famille où il y
a de la place pour son autonomie et son indépendance, ses besoins de
rébellion et d'individuation seront généralement très vite satisfaits.
Toutefois, s'il grandit dans une famille où les parents sont très contrôlants et n'acceptent aucune confrontation ni remise en question de
leur autorité, les choses peuvent se compliquer. Souvent, ces parents
sont extrêmement rigides parce qu'ils ignorent ce qui se passe dans la
tête des adolescents, ce qui fait qu'ils voient toute confrontation
comme un affront personnel.

Notre compréhension de ce qui pousse notre adolescent à s'opposer aux règles ou à notre autorité ainsi que notre façon de *réagir* à ces
comportements nous permettent de traverser plus facilement cette
crise. Il s'agit de ne rester ferme que sur les points jugés importants et
de faire preuve d'écoute et d'ouverture pour le reste...

Les règles et la discipline ont-elles toujours leur place à l'adolescence ?

La réponse est *oui*, sans aucune hésitation. Tout d'abord, rappelons-nous que la discipline, c'est l'enseignement des règles de base et des valeurs que l'on veut prôner. Puisqu'il s'agit d'un apprentissage, il est normal que notre jeune remette en question notre autorité, mais cela ne veut pas dire que l'on doit renoncer et laisser aller les choses !

Qui plus est, un manque de discipline ou d'encadrement risque de nuire à notre adolescent. En effet, les jeunes à qui l'on ne dit jamais non perdent leurs repères, ne connaissent pas les limites à respecter et acceptent difficilement que leurs demandes soient refusées (et ce sera la même chose plus tard lorsqu'ils seront adultes). Certains d'entre eux en viennent ainsi à éprouver des difficultés sur le plan de la socialisation.

Même si votre adolescent est devenu plus imposant ou plus grand que vous, ne vous prenez pas à le considérer comme un égal. Il est en phase de transition et pas encore suffisamment solide pour être traité comme un adulte accompli. Ce n'est pas parce qu'il a 15 ou 16 ans qu'il n'a plus de comptes à vous rendre ou qu'il peut prendre toutes les décisions sans vous consulter. Il a encore besoin d'encadrement et de soutien de la part de ses parents pour bien fonctionner. Votre discipline à son égard lui fournit ses repères, malgré son besoin de liberté.

Liberté ne veut pas dire absence de règles ou de limites.

Une liberté encadrée

S'il faut reconnaître le besoin croissant de liberté de notre adolescent, cette liberté doit toutefois être progressive et *encadrée*. Un parent qui « lâche prise » complètement place son ado dans une position très

> déstabilisante et même angoissante puisque ce dernier n'est pas prêt à assumer son *entière* liberté. Il n'est pas nécessairement prêt à se séparer complètement de ses parents. Une trop grande permissivité pourrait même être interprétée, par l'ado, comme un abandon de la part de ses parents ; il pensera qu'ils ne l'aiment plus, qu'ils ne se préoccupent plus de son bien. La liberté doit donc être encadrée et distribuée progressivement, au fur et à mesure que notre jeune prend de la maturité.

Les ados ont donc encore besoin de notre encadrement pour s'orienter ou se sentir guidés dans leur recherche identitaire. Pour éviter la dérape totale, il leur est nécessaire de se savoir protégés par des personnes fiables qui les empêcheront de franchir certaines limites, d'où le besoin encore présent de règles... et d'un minimum d'autorité pour les faire respecter !

Établir une fondation solide

L'évolution de notre adolescent peut être comparée à la construction d'une maison : pour être solide et durable, elle doit s'appuyer sur une fondation solide. Notre rôle, comme parents, est d'aider notre enfant, puis notre adolescent, à construire cette base sur laquelle il pourra ensuite, en tant qu'adulte, compléter sa maison et la décorer selon ses propres besoins, ses goûts et ses désirs. Notre constance, notre cohérence, notre persévérance dans nos efforts parentaux correspondent à la stabilité et à la solidité du sol et des fondations à partir desquels notre adolescent pourra bâtir sa propre maison, bref devenir lui-même un adulte solide !

Être parent, c'est s'adapter en fonction de l'âge et des besoins de son jeune. Cela veut dire céder sur de petites choses et maintenir une position stable sur d'autres que l'on juge essentielles ou non négociables. C'est maintenir cette discipline par une autorité parentale conciliante en étant à l'écoute de son jeune.

Autorité/autoritarisme

Il ne faut pas confondre « avoir de l'autorité » et « être autoritaire ».

* **Être autoritaire,** c'est chercher constamment à *imposer* son autorité et ne pas supporter la confrontation. C'est décider à la place du jeune, lui imposer des règles strictes et multiplier les interdits sans discussion, sans justification. (« C'est non et c'est comme ça ! Je suis ton père et tu fais ce que je te dis, sans discuter, sinon... ») Les qualificatifs synonymes sont : dictatorial, dominateur, dur, intransigeant, totalitaire et tyrannique. Cette tendance à abuser de l'autorité, à l'exercer sans distinction, voire à l'imposer avec une rigueur excessive s'appelle « autoritarisme ».

* **Avoir de l'autorité,** c'est savoir dire non à bon escient, *être capable de justifier ou d'expliquer les raisons des refus ou des limites* (sans pour autant céder). C'est aussi être capable d'en discuter. Il s'agit donc d'une forme d'autorité qui respecte l'adolescent.

Comment réagir quand l'adolescent s'oppose ou conteste ?

Les manifestations d'opposition aux règles représentent un des aspects les plus difficiles à accepter pour la plupart des parents. Notre adolescent, qui a pourtant été docile et respectueux de notre autorité lorsqu'il était plus jeune, fait maintenant fi des consignes, argumente et veut négocier toutes les règles et les limites que nous croyions pourtant acquises. Pas toujours facile de réagir calmement !

Pour mieux gérer la situation, il faut d'abord essayer de comprendre pourquoi notre adolescent agit ainsi et prendre en considération les points suivants :

* Son opposition ne dure qu'un temps. C'est temporaire, le temps de l'adolescence.
* Nous ne devons pas la percevoir comme un affront personnel ni comme une attaque gratuite, mais plutôt comme l'expression d'un besoin normal d'acquérir plus d'autonomie et de liberté.
* Cette opposition est donc saine en soi (tant qu'elle ne dégénère pas en attaques verbales ou en rapport de force). Elle génère des échanges et même des discussions, voire une confrontation d'idées, qui peuvent être sains et souhaitables.

Ne pas réagir de façon excessive

Le premier réflexe de bien des parents, c'est de réagir impulsivement et de se mettre en colère devant cet adolescent qui veut les défier. Cette façon de faire entraîne malheureusement une escalade dont les conséquences sur la relation parent-ado peuvent être regrettables et mener à une détérioration de la communication ou même à une coupure totale. En tant que parents, nous devons assumer ces désaccords et éviter de tourner cette situation en confrontation. Prenons un peu de recul, puis intervenons avec calme.

« Je comprends que tu ne sois pas d'accord, mais c'est la règle. »
« Je sais que tu es en colère, mais je maintiens ma décision parce que... »
« Je comprends que tu aies le goût d'aller coucher chez ton ami,
mais, tu le sais, pendant les jours de la semaine, c'est interdit
parce que... »

Si notre jeune comprend la consigne, réalise qu'elle est claire et qu'elle sera toujours appliquée, il n'aura pas le choix de l'accepter et passera à autre chose... jusqu'à la prochaine fois !

Le laisser s'exprimer

Il est important de comprendre les raisons qui poussent notre jeune à vouloir remettre en question une règle, *sauf si celle-ci est claire et qu'elle a déjà fait l'objet d'une discussion* (dans un tel cas, il s'agit de la répéter simplement avec les raisons qui la justifient, au besoin). Un jeune que nous étouffons gardera en lui ces conflits non résolus, qui peuvent affecter son estime de soi ou détériorer ses liens avec nous.

Même si nous nous sentons parfois frustrés lorsque notre adolescent affirme son désaccord et nous remet en cause, nous devons garder à l'esprit qu'il a besoin de cet échange. Évitons de lui imposer une autorité aveugle : « C'est moi qui décide dans la maison, un point c'est tout ! », « Tant que tu vivras sous mon toit, tu devras faire ce que je dis, sans discuter ». Devant une telle fermeture, il n'est pas étonnant qu'un adolescent soit tenté de faire exactement le contraire de ce qu'on lui demande ! D'ailleurs, qui ne s'est jamais senti révolté à l'idée de devoir obéir aveuglément à un règlement rigide qui semble injuste, sans aucune possibilité de négocier ou de discuter ? Il est donc important de laisser notre jeune s'exprimer, d'être à son écoute et d'essayer de se mettre à sa place en se demandant ce qui a pu le déranger ou le faire réagir ainsi.

Négocier = respecter notre ado

La négociation est un bon moyen de réduire les conflits avec notre ado en quête de liberté et d'autonomie. Elle permet souvent de trouver un compromis acceptable pour les deux parties, de régler des problèmes et d'établir de nouvelles règles avec notre adolescent. Naturellement, la négociation exige une écoute mutuelle, du respect et une certaine flexibilité de part et d'autre afin que chacun accepte de mettre de l'eau dans son vin. Un parent rigide qui refuse toute opposition, tout compromis ou toute négociation se place dans une position propice aux nombreux conflits et aux relations familiales difficiles.

La négociation permet également à notre ado d'acquérir des habiletés qui lui seront utiles dans d'autres sphères de sa vie : travail, amis,

Les

..i amoureuse, par exemple. En acceptant de négocier avec lui, nous ..nvoyons le message que ses opinions sont importantes pour nous, ..u'il n'est plus un enfant et que nous respectons sa démarche vers l'autonomie.

Remettre en question le statu quo quand c'est nécessaire

Nos adolescents ont cette grande faculté de contester nos règles ou nos limites, pourtant bien établies. Cette opposition peut être pour nous une belle occasion d'évaluer si ces règles et ces limites sont toujours adéquates pour un jeune «adulte en devenir». C'est aussi probablement la seule façon qu'ont nos ados de remettre en question le statu quo (puisque nous n'avons pas tendance à le faire nous-mêmes, n'est-ce pas ?!) afin de nous amener à assouplir certaines règles en fonction de leur âge, et ainsi de mieux répondre à leurs besoins émergents. Ils réclament plus de liberté pour se développer et acquérir de l'autonomie, mais cela doit se faire *graduellement,* et c'est souvent en négociant certains compromis qu'on y arrive.

«Je comprends... Laisse-moi réfléchir à ce que tu viens de me dire et je t'en reparle plus tard.»

Bref, il est conseillé de relativiser les choses et de faire preuve de souplesse. Si notre adolescent nous demande un sursis d'une heure pour une sortie, il est sain d'en discuter, d'écouter ses arguments et d'accepter sa demande si on la juge raisonnable.

«L'autorité, c'est d'abord donner des autorisations, avant de donner des interdits[2].»

---

2. Daniel Marcelli, professeur de psychiatrie de l'enfant et de l'adolescent au CHU de Poitiers, France.

L'autorité et les règles : nos ados en ont-ils encore besoin ?

Ne tombez pas dans le piège d'acquiescer à toutes les demandes de votre ado pour éviter la confrontation, pour « préserver son amour ». Dites-vous que cette phase de contestation est temporaire et qu'il est normal que votre adolescent remette vos règles en question sans pour autant cesser de vous aimer. En fait, n'est-ce pas aimer son enfant que d'être capable de lui tenir tête, de le frustrer même, pour lui apprendre les limites de la vie ? Éviter de lui dire automatiquement « oui », c'est lui rendre service. Et quand vous croyez que sa demande est raisonnable, prenez un peu de recul en lui disant que vous allez au moins y penser !

Ne pas succomber au chantage émotif !

Il est important de préserver une bonne ambiance familiale, mais pas à n'importe quel prix. Nos ados ont le don de nous amener à nous sentir mal lorsque nous maintenons notre position : ils boudent, nous évitent, s'isolent pour un certain temps et peuvent même menacer de partir ! Il ne faut pas succomber à cette forme de chantage émotif. Bien qu'ils puissent ne pas aimer notre décision, ils comprennent souvent (mais parfois plus tard) pourquoi nous l'avons prise.

Vouloir être un parent cool !

À l'adolescence, nos jeunes critiquent souvent notre façon de jouer notre rôle parental et nous comparent parfois à d'autres parents, beaucoup plus « compréhensifs » que nous : « Les parents d'Audrey sont bien plus *cool* que vous ! Eux, ils la laissent sortir le mercredi soir ! » Bien que ce genre de remarque puisse nous mettre la puce à l'oreille et nous indiquer qu'il est peut-être temps d'ajuster certaines règles, c'est surtout pour notre ado une façon habile – et souvent efficace – de jouer avec nos émotions dans le but de nous faire céder.

Si, après mûre réflexion, vous jugez la règle toujours appropriée, expliquez à votre adolescent les raisons qui vous motivent à la maintenir. L'important, ce n'est pas de paraître *cool* à ses yeux, mais bien d'assumer votre rôle d'éducateur, qui comporte naturellement des « non » et des limites.

Discipline ou répression ?

À l'adolescence, il est important de bien faire la différence entre discipline et répression.

* La *répression* consiste à empêcher toute manifestation d'opposition ; on se limite à critiquer, à blâmer et à châtier.

* La *discipline* constitue plutôt un *enseignement* des règles. Il est important d'expliquer à nos adolescents les raisons qui nous motivent à imposer certaines règles ou limites. Nous devons aussi leur expliquer les conséquences qui peuvent survenir si ces règles ne sont pas respectées.

Que faire quand la tension monte ?

Il arrive que l'opposition ou les discussions dégénèrent en conflit. Le ton monte et la communication devient alors inefficace. Dans un tel cas, faites immédiatement une pause, prenez une grande respiration plutôt que de vous engouffrer dans l'escalade de la colère. Puis, afin d'essayer de comprendre ce qui affecte tant votre jeune, reprenez la conversation sur un ton plus calme en lui demandant de répéter ce qu'il a dit ou de s'expliquer à nouveau.

Parfois, la bonne solution consiste à laisser passer la colère et à remettre la discussion à plus tard, voire à un autre jour (mais n'oubliez pas de le faire, bien sûr).

« Bon, là, on ne se comprend pas. Je pense qu'il vaut mieux arrêter. On va se calmer et on rediscute de tout ça demain, OK ? »

Les adolescents ne cherchent pas toujours à avoir raison, mais ils tiennent à être écoutés et compris. Il faut donc s'assurer non pas de couper toute discussion, mais simplement de la reporter. Si vous avez l'intention de maintenir votre position, ce report vous permettra de reprendre plus calmement la conversation, de dire respectueusement à votre jeune que vous avez bien entendu ce qu'il désire, mais que, *pour le moment,* vous ne lui donnez pas votre autorisation.

Partager notre expérience

L'opposition incessante de nos adolescents, les critiques, les crises, les sautes d'humeur, les conflits... tout cela ronge la patience de bien des parents, qui se retrouvent épuisés et à court d'énergie. Ce n'est pas toujours évident de garder la tête hors de l'eau dans ces conditions ! Voilà pourquoi il peut être salutaire de sortir de l'isolement et de partager nos inquiétudes, nos questions, notre désarroi avec d'autres parents. Rencontrer d'autres gens dans la même situation que soi (ou, du moins, à qui l'on peut parler ouvertement), ça soulage, ça rassure, ça donne des idées d'interventions.

Que ce soit lors de rencontres informelles entre amis, dans l'intimité d'un souper ou dans le cadre de rencontres avec des professionnels, ces occasions nous permettent de parler de nos expériences, de renforcer notre confiance, d'être soutenus dans notre rôle de parents et... de nous sentir soulagés !

Comment faire respecter les règles à la maison ?

Pour que votre adolescent accepte de respecter vos règles de vie, elles doivent tout d'abord être *claires*, par exemple ne pas manger dans le salon ni devant la télé, toujours prévenir de ses sorties ou de ses retards le soir...

Ensuite, ces règles doivent être *cohérentes*. Si l'adolescent trouve que la règle n'est pas logique ou pas du tout adaptée à son groupe d'âge, soyez assuré qu'il vous confrontera ou tentera de désobéir.

Finalement, ces règles doivent être *appliquées avec constance*. Si votre ado perçoit une faille dans la constance, s'il voit que vous le laissez faire occasionnellement, il utilisera cette porte ouverte et tentera constamment de contourner la règle puisqu'il a déjà pu le faire. Par exemple, si les deux parents ne font pas preuve de la même constance dans l'application d'une règle, le jeune la remettra inévitablement en question : « Papa, lui, accepte que je rentre à 23 heures. »

Parents séparés ou divorcés

Dans tout couple, il y a des désaccords ou des discordances en matière d'éducation des enfants, alors imaginez lorsque les parents sont séparés ou divorcés ! Rien n'est plus destructeur pour un ado que de voir ses parents en combat perpétuel. Nos jeunes ont un besoin absolu de s'appuyer tant sur leur père que sur leur mère, chacun ayant ses propres qualités ou un apport éducatif et émotionnel complémentaire à celui de l'autre.

C'est pourquoi il est important, dans la mesure du possible, que les parents se réservent des temps d'échanges pour voir ensemble comment gérer les demandes de leur adolescent et convenir de l'assouplissement ou non de certaines limites, du maintien de certaines règles de base qu'ils appliqueront également tous les deux. Au fond de lui-même, l'adolescent sera rassuré de sentir que la préoccupation des deux parents reste présente et qu'ils s'entendent à son sujet, pour le protéger comme pour lui secouer les puces !

Dans la maison, il est nécessaire d'aménager et de préserver un cadre de vie agréable et, pour cela, il faut exiger un minimum de règles de vie en communauté. Une bonne façon d'éviter que votre adolescent s'oppose constamment ou vous remette continuellement en question, c'est d'établir une *liste précise* des règles *non négociables*, puis de les communiquer et de les expliquer très *clairement* aux membres de la famille.

Voici des éléments à considérer à ce propos :

* se mettre d'accord entre parents sur les consignes à faire respecter ;
* s'assurer que les règles sont adaptées à l'âge du jeune ;
* limiter le nombre de règles (lorsqu'il y a trop de règles, il devient parfois difficile de les respecter sans faillir) ;
* ne pas hésiter à rappeler les consignes, c'est même inévitable !

Un privilège d'aîné

Lorsque notre adolescent est l'aîné de la famille, nous devons être particulièrement attentifs à notre façon de lui octroyer plus de liberté ou de privilèges. Un assouplissement accordé à *l'ensemble des membres de la famille* ne comblera pas autant son besoin de liberté que si ce privilège lui est donné en exclusivité, en tant qu'aîné. Notre adolescent voudra avoir un traitement différent de celui que nous réservons à ses jeunes frères et sœurs, et notre accord spécial lui enverra le message que nous reconnaissons ses besoins particuliers en tant qu'adulte en devenir.

*« Maman, pourquoi Alexandre a le droit de se coucher
à 22 heures, et pas moi ? »
« Parce que ton frère a 16 ans, lui ! »*

Votre adolescent appréciera beaucoup que vous lui autorisiez certaines choses que vous refusez à ses frères et sœurs plus jeunes (horaire plus souple, permissions de sortie...). Il verra cela comme une marque d'attention spéciale de votre part et sentira que vous le respectez, que vous lui faites confiance et que vous voulez l'aider à devenir un adulte. Soyez attentif à ce besoin et vous marquerez des points !

Faire preuve de souplesse

Des règles trop rigides et imposées dans un climat constamment négatif (sans respect envers le jeune, dans le dénigrement ou même la violence verbale ou physique) peuvent nuire à l'épanouissement de l'adolescent, le brimer et sérieusement hypothéquer son estime de soi. Une autorité parentale trop rigide à cet âge mène la relation parent-ado vers une impasse, ne l'oublions pas. Autant nous devons être fermes sur certaines règles non négociables, autant nous devons entamer un dialogue avec notre jeune pour certaines questions qui touchent le quotidien. Nos adolescents ont certes besoin de règles les encadrant, mais aussi de liberté pour répondre à leur besoin croissant d'affirmation de soi.

Savoir dire «non»

Nous l'avons vu, nous devons expliquer clairement à nos jeunes les règles non négociables et les leur rappeler de façon ferme, au besoin: «Non, tu ne rentreras pas à 3 heures du matin», «Il est hors de question que tu prennes ton repas dans ta chambre». Ces «non» fermes, soutenus par des arguments solides, font partie de notre rôle de parents-éducateurs. On explique, on discute, soit, mais nos jeunes doivent savoir qu'après tout, c'est nous qui avons le dernier mot!

Toutefois, rendu à l'adolescence, le jeune réclame de plus en plus qu'on lui fasse confiance. Il a besoin de davantage d'autonomie et d'indépendance. Ainsi, au fur et à mesure qu'il grandit, nous devons réévaluer nos règles de conduite à la maison (l'heure du coucher, le temps passé à l'ordi, les sorties, etc.) pour éviter que certains conflits apparaissent inutilement. Plus nos règles seront logiques et respecteront le niveau d'âge et de maturité de notre enfant, plus il sera facile pour lui de les respecter. Adapter nos règles et trouver l'équilibre idéal entre l'autorité et la marge de confiance nécessaire est un bon moyen de contribuer positivement à l'évolution de notre jeune, de le guider progressivement et le plus sereinement possible vers le monde des adultes.

Comment intervenir si mon ado ne respecte pas les règles ?

La pire attitude que nous puissions adopter devant un adolescent qui ne respecte pas les règles, c'est de le laisser faire. Certains parents n'osent pas dire non ou intervenir par peur de perdre l'amour de leur jeune, de le « brimer » dans son épanouissement, d'être trop sévères, ou simplement pour éviter l'argumentation et les crises.

D'autres préfèrent être les « amis » de leur jeune et en oublient leur rôle parental (voir la section « Qu'est-ce qu'un "parent-copain" ? », à la page 58). Or, les adolescents ne veulent pas que nous soyons leurs amis. Ils veulent des parents solides qui les encadrent, les soutiennent et leur indiquent la voie à suivre.

D'autres parents évitent d'intervenir, entre autres par manque de temps ; ils préfèrent faire comme s'ils n'avaient rien vu ni entendu. Cette attitude peut malheureusement les « rattraper » plus tard et avoir des effets néfastes à plus long terme : ils risquent de perdre la maîtrise de la situation, et d'être dépassés ou exaspérés par les comportements indésirables amplifiés de leur ado.

La discipline que nous inculquons à notre jeune l'aide à mieux gérer ses émotions et à vivre selon les règles de vie applicables à la maison, mais aussi dans la société en général. Évidemment, cette discipline n'est pas toujours facile à maintenir, surtout avec des adolescents connus pour leur humeur changeante et leurs comportements imprévisibles.

Voici quelques pistes d'intervention pour vous aider dans cette tâche.

Éviter le dénigrement (violence verbale)

Des règles imposées dans un climat négatif peuvent sérieusement hypothéquer l'estime de soi du jeune. Il faut absolument éviter les insultes ou les commentaires dégradants qui, même dits sans agressivité ou méchanceté volontaire, finissent par donner l'impression à notre adolescent qu'il est une mauvaise personne (alors que ce n'est que son *comportement* qui est inadéquat).

On a parfois l'impression, en tant que parents, qu'une provocation de notre part le poussera à changer et que cette méthode a beaucoup d'impact. *Il n'en est rien!* Au contraire, cette façon de faire peut accentuer le comportement inacceptable.

Dans chacune de nos interventions, nous devons faire sentir à notre adolescent que ce n'est pas lui en tant que personne que nous remettons en cause, mais son comportement. Les phrases suivantes sont à proscrire absolument:

« Tu es vraiment juste un paresseux. »
« Tu ne te ramasses jamais, tu me fais honte. »
« Tu ne penses qu'à toi, tu n'es qu'un égoïste. »

Ces propos blessent l'adolescent. Il est plus sage de mettre l'accent sur le comportement critiqué ou désiré:

« Voudrais-tu venir ramasser tes souliers, s'il te plaît? »
« Cette mauvaise habitude m'irrite vraiment.
Tu pourrais nous aider à ramasser... »
« Vraiment, ta chambre est dans un état inacceptable.
Tu ne sors pas tant qu'elle n'est pas rangée. »

Si, malencontreusement, vos paroles ont dépassé votre pensée et que vous avez fait preuve d'irrespect ou de violence verbale envers votre jeune, il est important après coup de vous expliquer calmement et de vous excuser. C'est une façon de lui témoigner du respect, respect qu'il sera tenté de vous démontrer par la suite.

Éviter les interventions publiques

Lorsqu'un comportement de votre adolescent demande une intervention de votre part, il est important de ne pas le faire devant les autres (frères, sœurs, parents et amis), puisque c'est très humiliant pour lui. De plus, cela ne fera qu'amplifier son désir de s'opposer à vous, ou même de se venger.

L'autorité et les règles : nos ados en ont-ils encore besoin ?

Éviter les menaces

Distinguons d'entrée de jeu «prévenir des conséquences» et «menacer».
Les menaces sont bien souvent des sanctions *excessives* ou rarement appliquées : pas de télé pour une semaine, pas de sorties pour le reste de l'année scolaire, pas de vacances avec les autres membres de la famille... Informer notre enfant de la conséquence qui l'attend s'il enfreint une règle ne constitue pas une menace en soi, mais cela le devient si cette conséquence est farfelue ou peu applicable, et cette distinction, notre ado est capable de la faire. Encore une fois, c'est votre crédibilité en tant que parent qui est en cause lorsque vous menacez votre jeune de conséquences exagérées.

Au lieu de tomber dans l'exagération, répétez-lui la règle que vous voulez qu'il respecte et les conséquences, *réalistes*, qui s'ensuivront s'il ne la suit pas : «Pas de télé aujourd'hui tant que tu n'auras pas ramassé ta chambre», «Tu connais la règle : l'heure de rentrée est 23 heures, max. Si tu ne la respectes pas, nous couperons des sorties.»

Ne jamais frapper son jeune

La gifle représente une *perte de contrôle du parent* ou une intervention ultime lorsqu'on manque de moyens d'intervention. Elle est souvent utilisée en réaction à une impolitesse de la part de l'adolescent ou comme «moyen» de communiquer (inefficacement) au jeune son désaccord (les parents ont parfois l'impression que c'est la seule façon de se faire comprendre).

La gifle est un geste très humiliant pour le jeune, car elle porte directement atteinte à son estime de soi, tout en brisant son lien de respect et de confiance avec le parent. Si vous faites un tel geste, sous l'impulsion, il est très important que vous répariez le tort causé en revenant sur ce qui s'est passé : expliquez pourquoi vous avez réagi excessivement, dites-lui que même si vous aviez raison d'intervenir ou d'être en colère, cela ne justifiait pas un tel geste. Bref, excusez-vous ; cela vous aidera grandement à maintenir la qualité de la relation avec votre jeune, qui se sentira respecté.

À proscrire : les explications excessives
Inutile de donner des explications excessives à votre adolescent. Expliquez-lui concrètement ce que vous attendez de lui, sans entrer dans des discussions interminables et *sans lui faire la morale*. Les jeunes aiment qu'on leur dise clairement ce que l'on attend d'eux, et veulent ensuite passer à autre chose.

Éviter l'indifférence ou la banalisation
Il est tout à fait contre-indiqué d'ignorer ou de banaliser (afin d'éviter d'intervenir) les gestes ou comportements indésirables de notre adolescent. Dans ces situations, nous ne devons pas démissionner ni laisser tomber notre demande ou notre consigne par manque d'énergie, de temps ou simplement dans le but d'éviter les conflits.

Ne pas critiquer de façon répétitive
Les critiques abusives empêchent notre adolescent de prendre confiance en lui. Les parents exigeants qui reprennent sans cesse leur jeune finissent par le décourager, par l'amener à douter de lui-même. Voici le genre de phrases à ne pas lui dire :

« Tu es vraiment juste un paresseux... »
« On ne peut jamais te faire confiance... »
« Tu n'es jamais à tes affaires, tu as encore oublié de nourrir le chat. »
« Veux-tu bien me dire ce que tu as entre les deux oreilles ? »

Ces critiques nuisent énormément au développement de l'adolescent.

Favoriser la créativité et la bonne humeur
Le sens de l'humour est très efficace pour faire respecter certaines règles ou directives, car il permet à l'adolescent de les intégrer dans un climat positif. Les taquineries, les petits clins d'œil et les sourires désamorcent bien des situations tendues. Ils deviennent des alliés importants pour motiver notre jeune à suivre une règle ou pour modifier son

comportement, et ce, dans une atmosphère beaucoup plus harmonieuse.

Cette approche permet également de désamorcer des situations de crise et évite de faire appel systématiquement aux conséquences et aux sanctions, qui nous demandent certainement beaucoup plus d'énergie en tant que parents et qui pourraient être réservées aux récidives :

« Eh bien ! Voilà mon ado colérique ! »
« Mon ado préféré n'avait pas le goût de vider la poubelle aujourd'hui ? »

Rester calme

En cas de colère ou de crise, gardez votre calme et évitez de hausser le ton afin de ne pas transformer cette situation en confrontation. Votre attitude sereine aura un effet apaisant sur votre jeune ; il aura alors tendance à se calmer lui-même, ce qui favorisera son écoute et, par la suite, sa collaboration.

Faire du renforcement positif

Faire du renforcement positif consiste à mettre l'accent sur les bons coups ou les bons comportements de notre jeune. En encourageant notre adolescent, on lui apporte une attention positive qu'il voudra réitérer. C'est également pour lui une source de motivation qui l'incitera à respecter les règles et à adopter les façons de faire que nous désirons lui inculquer. Cette méthode d'intervention positive nourrit particulièrement son estime de soi.

« Merci beaucoup, ma belle, d'avoir ramassé tes vêtements. »
« Un gros merci, mon grand, de m'avoir aidée à faire le ménage. »

Malheureusement, bien des parents prêtent surtout attention à leur adolescent quand il déroge aux règles. Il est important de rester à l'écoute de notre jeune, de l'encourager, de le féliciter, bref, de lui donner de l'attention positive le plus souvent possible afin de réduire les comportements qui l'amènent à défier l'autorité.

Dois-je encore imposer des conséquences ?

Pour assurer le respect des règles et la discipline, il faut non seulement faire preuve de constance et de fermeté dans leur application, mais également savoir réagir adéquatement en cas de désobéissance. Nos interventions auprès de nos jeunes doivent être appropriées aux circonstances, tout en respectant le développement de ceux-ci et le maintien de leur estime de soi. C'est justement dans notre façon d'intervenir que le problème peut se poser, selon les différentes philosophies d'éducation ou d'autorité des parents.

Préciser les conséquences et les mettre en application
Lorsque vous expliquez les règles de la maison à votre adolescent, dites-lui aussi les conséquences qu'il encourt s'il ne les respecte pas et assurez-vous qu'il les comprend. Par exemple : « Si ta chambre n'est pas faite avant que tu partes pour l'école, il y aura une conséquence : pas de télévision de la soirée ! »

Après un avertissement, s'il ne respecte pas la consigne, rappelez-lui la conséquence qui est rattachée à sa désobéissance et mettez-la en application, sinon vous risquez de perdre votre crédibilité et toute autorité à ses yeux. Si votre adolescent détecte une faiblesse chez vous en ce qui concerne cette règle ou l'imposition de la sanction prévue, il recommencera de plus belle. Mais attention : les sanctions doivent être mesurées, adaptées et parfois... négociées !

Dans la mesure du possible, choisissez des conséquences logiques, réalistes et de courte durée (jamais sur plus de deux jours). Évitez de nommer des conséquences sous le coup de la colère, car elles risquent d'être démesurées et de miner votre crédibilité auprès de votre adolescent.

Notre façon de réagir et de faire comprendre à notre adolescent que nous désapprouvons son comportement a toute son importance. Certaines méthodes s'avèrent efficaces, alors que d'autres sont à proscrire (menaces, isolement, dénigrement...).

Retirer des privilèges

Le retrait d'un privilège est un des meilleurs moyens d'imposer une sanction. Cela peut concerner les permissions de sortie, les heures de rentrée, l'accès à l'ordinateur, aux jeux vidéo ou à la télévision, par exemple. On peut utiliser le retrait d'un privilège pour autant que cette privation soit *limitée dans le temps* : pas de télé de la soirée, pas d'ordinateur ou de jeux vidéo de la journée.

Garder confiance

Nous devons appliquer la sanction établie, mais sans remettre en cause la confiance que nous avons en notre ado. Il ne respecte pas son heure de retour à la maison ? Soit ! Il en subit les conséquences et on n'en parle plus. À sa prochaine sortie, on lui réitérera notre confiance, sans lui faire la morale ou un long discours. Vous ne perdez pas votre permis de conduire pour un seul excès de vitesse, n'est-ce pas ? Alors évitez de dire à votre adolescent que vous ne pouvez pas lui faire confiance parce qu'il a failli à la règle une fois.

À proscrire : les punitions affectives

Les retraits de privilèges ne devraient jamais être des punitions affectives, c'est-à-dire une privation de moments affectifs bénéfiques. Priver notre adolescent d'aller au cinéma avec la famille, le menacer de ne pas l'amener en vacances ou au restaurant ne sont pas de bonnes sanctions. Il ne faut pas lui retirer ces moments qui nous permettraient normalement de renforcer le lien d'attachement et la complicité qui nous unissent.

La discipline : un cadeau pour la vie !

Pour tout parent, la discipline représente probablement le plus grand défi à relever et exige de la persévérance, de la constance et une bonne discipline personnelle.

Pour nous aider dans cette tâche, rappelons-nous que nos jeunes font présentement l'apprentissage de la vie et qu'ils ont besoin de limites pour devenir des adultes autonomes et responsables. Nous sommes tous conscients qu'une discipline bien appliquée et respectée aidera nos adolescents à se comporter adéquatement, non seulement dans notre famille, mais aussi en société. C'est un cadeau pour la vie !

Les psy-trucs

1. Prendre conscience que notre adolescent a encore besoin de discipline, d'encadrement, de règles et de limites ; ces éléments le guident vers le monde des adultes.

2. Comprendre qu'il n'est plus un enfant et qu'il remet en question notre autorité ou nos règles par besoin d'autonomie et de reconnaissance (et non par simple plaisir ou pour nous attaquer personnellement).

3. Établir des règles adaptées à son âge ainsi qu'à son besoin d'autonomie et de liberté.

4. Appliquer les règles avec constance, au quotidien : ne pas interdire quelque chose un jour et le tolérer le jour suivant.

5. Éviter de réagir excessivement à son opposition ou lorsqu'il conteste les règles. Rester calme, à l'écoute et faire une pause lorsqu'on sent que la tension monte trop.

6. Être à l'écoute des revendications de notre ado. Accepter de discuter et de négocier avec lui. Assouplir certaines règles, s'il y a lieu, en fonction de son âge et de sa maturité.

7. Informer notre adolescent des conséquences prévues s'il ne respecte pas les règles de la maison et mettre ces sanctions en application, si cela est nécessaire.

8. Faire du renforcement positif : le féliciter pour ses bons comportements et ses bonnes actions.

L'importance de l'amitié à l'adolescence

Les questions que tout parent se pose :

* **Quelle est l'importance de l'amitié à l'adolescence?**
* **Pourquoi les amis prennent-ils autant de place dans la vie de nos adolescents?**
* **Mon adolescent a de la difficulté à se faire des amis. Pourquoi?**
* **Mon jeune est-il victime d'intimidation?**
* **Comment réagir devant la mauvaise influence d'un ami?**

Quelle est l'importance de l'amitié à l'adolescence?

À cet âge, plus qu'à n'importe quelle autre période de la vie, les amis revêtent une importance cruciale. C'est à l'adolescence que les jeunes disposent du réseau d'amis le plus étendu et qu'ils y consacrent le plus de temps. Sans eux, la vie leur serait parfois intolérable! Se retrouver entre copains est une « activité » qui procure à nos jeunes un plaisir et une satisfaction qui vont bien au-delà de la simple amitié : ces relations jouent un rôle essentiel dans le développement de leur autonomie, dans leur émancipation (de la tutelle des parents) et dans la construction de leur propre identité.

Développer leur identité

À l'adolescence, nos jeunes ont besoin de se comparer à des amis qui leur ressemblent et qu'ils choisissent justement selon leur personnalité, leurs intérêts et leur degré de compatibilité. Ces amis ont une influence indéniable sur plusieurs aspects de leur être : coiffure, vêtements, langage, expressions, attitudes...

Ainsi, notre adolescent adapte progressivement son style à celui du groupe d'amis qu'il fréquente. Le groupe sert alors de « nouvelle identité », commune à tous les membres qui partagent les mêmes idéaux, les mêmes goûts, les mêmes comportements, le même langage, la même musique, etc. Au contact de cette bande de jeunes, l'adolescent acquiert de l'assurance et bâtit progressivement sa propre identité. D'ailleurs, les adolescents acceptent beaucoup plus facilement d'être remis en question ou d'être confrontés par leurs pairs que par leurs parents. C'est dans leurs interactions avec leurs amis qu'ils découvrent leurs limites et leurs valeurs (qui sont défendues haut et fort). Le groupe leur permet également de devenir moins centrés sur leur petite personne et sur leurs besoins (donc moins égocentriques). Avec le temps, la diversité des amis les aidera à élargir leurs champs d'intérêt, leurs opinions, bref, à forger leur personnalité propre.

Développer leur autonomie

La fréquentation des amis permet aux adolescents de développer leur autonomie en favorisant une vie sociale *différente* de celle de la famille. Ils bâtissent ainsi, peu à peu, leur réseau social ou leur univers en dehors de la zone d'influence des parents, ce qui représente un pas de géant dans leur marche vers le monde des adultes. L'amitié leur permet de satisfaire leur besoin de faire partie d'un groupe de jeunes vers lequel ils se tourneront pour combler leur besoin d'appartenance, leur désir de s'affirmer, de se valoriser, de s'identifier.

Partager leur vécu

Les liens d'amitié permettent aux jeunes de partager leurs soucis, leurs problèmes et leurs passions avec des gens qui peuvent les comprendre. Cette notion de partage du vécu n'est pas à négliger chez les adolescents, qui y trouvent souvent un grand réconfort. Quoi de plus soulageant que de parler entre amis des tensions vécues avec tel enseignant ou du stress lié à l'imminente séparation des parents, de ventiler ses problèmes avec la nouvelle belle-mère qui est désagréable et si contrôlante, bref, de confier des soucis qu'il serait parfois bien délicat d'aborder avec les parents!

Développer leurs habiletés sociales

Apprendre à collaborer, à résoudre des problèmes et à considérer le point de vue des autres, voilà d'autres aspects bénéfiques de la bande d'amis. L'amitié devient ainsi un « laboratoire » dans lequel l'adolescent apprend à composer avec de nouvelles situations sociales. Grâce à l'influence du groupe, il se sent « plus fort », plus motivé à surmonter ses points faibles, ses peurs, ses craintes et peut s'adapter plus facilement aux diverses situations nouvelles qui se présentent.

Développer une maturité affective

L'amitié amène les jeunes à développer leur capacité d'écoute, à communiquer leurs propres sentiments ou leurs opinions, à se confier, à faire confiance, à accepter les manies de l'un ou les défauts de l'autre, à être fidèles, à pardonner, à s'entraider, à se soutenir mutuellement... Par la socialisation, nos adolescents se distancent de leur famille et découvrent de nouvelles règles à respecter pour être acceptés et se faire aimer des autres.

Dans ses relations amicales, notre jeune comprend que l'amitié ou l'amour n'est pas inconditionnel ni gratuit, et qu'il doit se comporter adéquatement s'il veut préserver ses relations. C'est pourquoi les adolescents qui ont déjà entretenu de grandes amitiés ont souvent une plus grande maturité affective que les autres, et cela aura un effet positif dans la qualité de leurs futures relations amoureuses.

Pourquoi les amis prennent-ils autant de place dans la vie de nos adolescents?

L'amitié, c'est vital pour un adolescent. Sans amis, bien des jeunes se sentent isolés et rejetés. En fait, les amis deviennent souvent le centre de leur univers (parfois à notre grand découragement!). Pendant la phase de l'adolescence, les relations parent-enfant peuvent être plus difficiles et les amis comblent, d'une certaine façon, ce déséquilibre, au point de devenir des confidents de premier ordre.

Il ne faut surtout pas croire que nos ados préfèrent leurs amis à leurs parents ou que nous n'avons plus une place de choix dans leur vie. Lorsque l'adolescent est en opposition (pour s'émanciper comme personne), il se réfugie auprès de ses amis parce qu'il est conscient qu'ils vivent la même chose. Avec eux, il trouve la compréhension, la sympathie et plusieurs conseils dont il a besoin. Les adolescents ont besoin de leur *best friend* (avec lequel ils sont sur la même longueur d'onde) pour se confier et partager leur vécu. Les heures passées au téléphone (surtout chez les filles) ou à l'ordi à clavarder, même le soir après avoir passé la journée complète ensemble à l'école, illustrent bien ce besoin intense. C'est aussi une façon pour nos adolescents de fuir le contexte familial, bien installés dans leur chambre ou devant leur ordinateur.

En somme, avoir des amis, c'est avoir la certitude de toujours pouvoir compter sur quelqu'un, et c'est très sécurisant ! Il ne faut donc pas trop s'inquiéter de la place que les amis prennent dans la vie de nos adolescents mais, au contraire, les encourager dans la découverte de leur vie sociale à l'extérieur du noyau familial.

Mon adolescent a de la difficulté à se faire des amis. Pourquoi ?

Chacun a sa propre façon d'entrer en relation avec les autres et de se faire des amis, selon sa personnalité et ses habiletés relationnelles. Pour certains, c'est quelque chose de facile et de naturel, alors que pour d'autres, c'est un véritable défi, voire une source de stress importante.

Se faire des amis est tout particulièrement difficile pour un adolescent qui souffre de timidité et qui ne se sent pas capable d'aller vers les autres, par crainte de leur jugement ou de leur rejet. Le manque de confiance en soi est la source du problème et, pour être sûr de soi, il faut tout d'abord bien se connaître et s'aimer. La timidité d'un adolescent peut être liée à une insécurité affective ou à des événements douloureux vécus dans sa famille ou devant un public (faire rire de soi devant un groupe de la classe, par exemple).

Fort heureusement, il est tout à fait possible de se «débarrasser» de cette timidité. Si vous percevez que votre jeune est timide au point que ses relations sociales sont compromises, il est fortement conseillé de consulter afin de lui offrir le coaching nécessaire pour augmenter sa confiance en soi et ses habiletés sociales, des attributs qui lui seront fort utiles pour le reste de ses jours.

Si votre adolescent a de la difficulté à se faire des amis, voici d'autres recommandations :

* **S'impliquer socialement.** Encouragez-le à s'impliquer dans des activités qu'il aime ou qui correspondent à ses champs d'intérêt. De cette façon, il sera en mesure de côtoyer d'autres jeunes qui ont des points en commun avec lui et avec qui il lui sera plus facile d'établir des relations d'amitié.

* **S'ouvrir et s'intéresser aux autres.** Lancez-lui le défi d'aller vers les gens, de faire le premier sourire, d'entamer une discussion (en commençant par saluer...). Encouragez-le à démontrer son intérêt envers les autres en les écoutant et en leur posant des questions ; grâce à cette attitude, ses interlocuteurs se sentiront importants et auront le goût de poursuivre la conversation ou la relation.

* **Être authentique et respectueux.** Les adolescents recherchent généralement des amis qui sont authentiques et honnêtes. Les mensonges ou l'hypocrisie sont souvent les causes de rupture d'amitié à cet âge. Votre jeune doit donc éviter de parler en mal des autres (ne jamais parler dans le dos de qui que ce soit) et d'embarquer dans la machine à rumeurs ou à potins. Être fidèle et respectueux, voilà la façon de conserver une amitié.

Mon ado n'a pas d'ami !

Certains jeunes éprouvent de la difficulté à se faire des amis et souffrent énormément de cette situation. Il ne s'agit pas d'en avoir tout plein : pour un ado plutôt réservé, introverti ou timide, un ou deux amis peuvent être suffisants. Mais le fait qu'un ado soit sans ami peut signaler chez lui des problèmes d'estime de soi. Cette situation peut également entraîner des difficultés scolaires puisque, bien souvent, les amis constituent une des premières sources d'intérêt et de motivation à l'école. Si le problème persiste, il faut s'en inquiéter et ne pas hésiter à faire appel à des professionnels.

Mon jeune est-il victime d'intimidation ?

Il n'est pas toujours facile, comme parents, de faire la distinction entre l'intimidation et les conflits normaux vécus dans ce groupe d'âge. Voici quelques repères à cet effet.

L'intimidation se caractérise par des paroles ou des gestes dont le but est d'exclure la personne, de lui faire vivre un sentiment de rejet. Entretenir des rumeurs sur elle, en parler en mal publiquement peuvent être des moyens d'intimider. Depuis quelques années, on parle aussi beaucoup de *cyberintimidation*, qui consiste à harceler, à intimider la personne par l'entremise d'Internet.

L'intimidation est donc un abus de pouvoir envers quelqu'un *sur une base répétitive et constante*. C'est cela qui la distingue d'un simple conflit entre amis. L'intimidation comporte obligatoirement une relation abusive dans laquelle il y a violence verbale ou physique. Le but de l'intimidateur est de nuire à sa victime et de maintenir sa position de pouvoir par rapport à celle-ci.

On comprend donc à quel point l'intimidation a des conséquences néfastes dans la vie de l'adolescent qui en est victime. Plus l'intimidation sera de longue durée, plus graves seront les conséquences, qui peuvent aller jusqu'à la dépression et même au suicide tellement cette situation est insupportable. Le jeune se sent dénigré, rejeté et finit par croire qu'il n'est plus aimable. Nous devons donc demeurer vigilants comme parents afin d'être en mesure de détecter, s'il y a lieu, les signes de détresse chez notre ado et d'agir rapidement avec l'aide de ressources professionnelles.

Comme l'adolescent qui subit de l'intimidation en parle rarement ouvertement parce qu'il a honte de ce qui lui arrive, voici certains signes ou changements de comportement qui peuvent vous mettre la puce à l'oreille. Le jeune :

* se désintéresse de l'école ou ne veut plus y aller ;
* présente de moins bons résultats scolaires que d'habitude ;
* ne veut plus prendre l'autobus scolaire ;
* ne veut jamais participer aux activités parascolaires (culturelles ou sportives) ;
* a des sautes d'humeur ou est irritable ;
* manque d'appétit ;
* souffre de maux de ventre ou de maux de tête ;
* se sent stressé et anxieux ;
* souffre d'insomnie ;
* s'isole et se replie sur lui-même ;
* semble malheureux.

Si vous percevez plusieurs de ces comportements chez votre adolescent, alors il est important d'en parler avec lui afin d'en comprendre la cause, qu'il s'agisse ou non d'intimidation.

Si votre jeune vous dit qu'il est victime d'intimidation, réagissez *rapidement* pour que cette situation prenne fin le plus vite possible, en faisant appel aux différentes ressources offertes à l'école. N'hésitez pas non plus à orienter votre enfant vers un professionnel (psychologue, psychoéducateur, etc.) qui l'aidera à rebâtir sa confiance en lui-même et son estime de soi, pour le rendre plus solide et plus en mesure de se défendre dans des situations similaires. Surtout, ne croyez pas qu'une personne victime d'intimidation le sera toute sa vie ! (Pour plus de détails concernant ce sujet, consultez le livre *Les Psy-trucs pour les préados de 9 à 12 ans.*)

Comment réagir devant la mauvaise influence d'un ami ?

Certains adolescents se révèlent particulièrement sensibles à l'influence des amis, notamment parce qu'ils désirent être acceptés ou bien vus de leur part. Pour ce faire, ils abandonnent leurs propres valeurs ou leurs goûts pour se conformer au reste du groupe. C'est le cas, par exemple, du jeune qui obtenait de bonnes notes à l'école et qui laisse subitement chuter son rendement parce que ses amis ne sont pas performants et que l'image du bon élève est discréditée dans le groupe. Cette influence est particulièrement sentie chez les jeunes qui sont socialement dépendants : ils ont une faible estime d'eux-mêmes, s'affirment peu et ont une identité encore fragile.

Notre devoir de protection en tant que parents nous incite à garder un œil ouvert sur les fréquentations de nos jeunes. Nous devons donc prêter attention au type d'amis qu'ils fréquentent. Encouragez votre adolescent à inviter ses copains à la maison afin de pouvoir mieux les connaître et d'observer comment ils réagissent entre eux. Vous aurez ainsi une juste opinion d'eux et éviterez de vous cantonner dans les préjugés.

Votre adolescent côtoie des amis dont les comportements et les valeurs ne correspondent pas à ce que vous lui avez inculqué ? Voilà un problème qu'il est difficile de gérer comme parent sans générer de crises ou de conflits. Comment doit-on réagir dans ce cas ? Il faut certainement faire preuve de beaucoup de tact. Une chose est certaine : lui interdire complètement de les fréquenter est irréaliste puisqu'ils vont probablement se voir à l'école, de toute façon.

L'important, c'est de bien lui expliquer la situation et, surtout, les *comportements* que vous jugez inadmissibles, sans dénigrer quiconque. De cette façon, votre adolescent prendra conscience des « critères » acceptables qui lui serviront de référence ultérieurement. Lorsque les parents identifient clairement ce qui est acceptable ou pas *dès la petite enfance*, ces valeurs ou critères sont alors plus facilement acceptés par l'adolescent, qui les appliquera dans sa quête d'amis, tout naturellement.

Par ailleurs, il est probablement inutile de partir en guerre contre un ami pour une question de vêtements ou de musique, par exemple. Ce sont souvent des goûts passagers qui n'ont pas vraiment d'incidence sur notre jeune. Il ne faut donc intervenir que lorsqu'il s'agit de valeurs ou de comportements importants. Dans un tel cas, discutez calmement et avec respect des *comportements* reprochés, tout en montrant à votre ado que vous respectez ses amis (pour ne pas le mettre sur ses gardes ou l'offusquer). Les jeunes sont sensibles à la critique de leurs amis et aux commentaires tels que : « Je n'aime pas du tout ton ami Max, je ne veux plus le voir à la maison », « Je trouve que Chloé n'est pas une bonne amie pour toi ! ».

Demandez à votre adolescent ce qu'il pense, lui, des comportements de ses amis et faites appel à son jugement. Il sera peut-être plus enclin à reconnaître que certains d'entre eux ne lui conviennent pas, s'il y a lieu, et s'en éloignera de lui-même. Les amitiés à cet âge sont souvent brèves.

Ces situations ne sont évidemment guère intéressantes, ni pour les parents ni pour les jeunes, mais si les valeurs ont été prônées, communiquées et intégrées harmonieusement dans la famille, votre jeune réalisera très rapidement que c'est pour son bien.

Peut-on interdire systématiquement la fréquentation de certains amis ?

Que peut-on faire si notre jeune persiste à fréquenter cet ami qui exerce une mauvaise influence sur lui ? Il est délicat de lui interdire systématiquement de le fréquenter, et il faut très certainement le faire avec délicatesse et le plus calmement possible. À cet âge, une opposi-

>

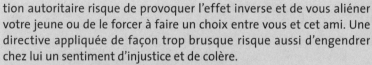

tion autoritaire risque de provoquer l'effet inverse et de vous aliéner votre jeune ou de le forcer à faire un choix entre vous et cet ami. Une directive appliquée de façon trop brusque risque aussi d'engendrer chez lui un sentiment d'injustice et de colère.

Vous pourriez plutôt lui interdire d'aller chez cet ami ou de le recevoir à la maison en prenant soin de bien lui expliquer les raisons qui vous ont poussé à prendre cette décision. Dans les cas extrêmes, s'il en va de sa sécurité ou de son bien-être (consommation de drogue, actes illégaux, comportements délinquants, etc.), n'hésitez pas à envisager un changement d'école afin d'éviter que les choses s'aggravent et prennent une tournure irréversible. C'est dans l'intérêt de votre jeune !

Les psy-trucs

1. Prendre conscience que tout adolescent a besoin d'amis pour combler son besoin d'appartenance à un groupe, forger son identité et acquérir de l'autonomie.

2. Comprendre que les amis permettent à notre adolescent de partager son vécu ou ses soucis, qu'il trouverait parfois bien délicat de confier à ses parents!

3. Accepter que ses amis prennent une place grandissante (voire envahissante!) dans sa vie, à notre détriment, et ne pas croire que nous ne sommes plus importants pour lui.

4. Encourager notre adolescent à avoir des amis et à découvrir sa vie sociale à l'extérieur du noyau familial.

5. Ne pas interdire la fréquentation de certains amis pour de simples prétextes d'habillement ou de goûts musicaux qui ne correspondent pas à nos normes.

6. Encourager notre jeune à inviter ses amis à la maison, afin de pouvoir les connaître, les observer et se faire une opinion juste sur eux, exempte de préjugés.

7. Parler avec notre jeune de nos valeurs et de ce qui est acceptable ou pas. Cela l'aidera à choisir, plus facilement et tout naturellement, des amis qui correspondent à ces mêmes valeurs.

8. Ne pas critiquer ouvertement ses amis. Mettre plutôt l'accent sur les *comportements* que nous n'aimons pas chez eux, s'il y a lieu.

9. Ne pas lui interdire systématiquement de voir certains amis, puisqu'il les côtoiera probablement à l'école ; une interdiction autoritaire risque même de provoquer l'effet inverse à celui que nous recherchons.

10. Limiter l'accès aux amis « indésirables », restreindre les occasions de les côtoyer, les visites, les sorties, en expliquant bien les raisons de tout cela.

11. Consulter le personnel enseignant afin d'évaluer les solutions possibles lorsque certains amis ont une influence nettement négative sur le comportement et le rendement scolaire de notre jeune.

Mon ado et le tabac, l'alcool et les drogues

Les questions que tout parent se pose :

* **Pourquoi cet attrait des ados pour les produits psychoactifs ?**
* **Mon adolescent commence à fumer ! Comment réagir ?**
* **Dois-je accepter que mon ado consomme de l'alcool à la maison ?**
* **Qu'est-ce que le « calage » d'alcool et comment réagir aux excès ?**
* **Comment savoir si mon adolescent prend de la drogue ?**
* **Quelles sont les drogues les plus populaires ?**
* **Comment réagir si mon ado prend de la drogue ?**

Maxime, votre adolescent de 14 ans, vous demande souvent s'il peut goûter à votre bière ou prendre du vin à table. Charles, qui a 16 ans, a eu sa première cuite à son dernier *party* d'amis. Amélie est revenue de l'école avec une odeur inhabituelle de tabac et vous découvrez dans sa chambre une petite dose de marijuana et quelques pilules colorées. On le sait bien, l'adolescence est une période tumultueuse pendant laquelle nos adolescents sont attirés par les nouvelles expériences. Comment réagir devant ces comportements qui peuvent nous inquiéter ?

Pourquoi cet attrait des ados pour les produits psychoactifs ?

Première cigarette, première ivresse, premier amour, première relation sexuelle, premier essai de drogue... L'adolescence est le temps des nouvelles expériences. À cet âge, les jeunes recherchent les sensations fortes. Ce n'est pas pour rien qu'ils sont si friands de films d'horreur ou de manèges extrêmes ! Il en est malheureusement de même pour toutes les substances psychoactives, telles que le tabac, l'alcool et les drogues. On qualifie de « psychoactives » les substances qui produisent un effet sur le système nerveux et sur le cerveau et qui, par conséquent, modifient l'état psychique d'un individu. En d'autres mots, ces produits affectent l'humeur, la conscience et les pensées de celui qui les consomme.

Selon leur effet sur le système, les produits psychoactifs peuvent être répartis en quatre groupes principaux :

1. les **dépresseurs** (comme l'alcool et les sédatifs);
2. les **stimulants** (comme la nicotine dans le tabac, la cocaïne et l'ecstasy);
3. les **opioïdes** (des dérivés de l'opium, comme la morphine et l'héroïne, qui engourdissent les sens et entraînent la somnolence);
4. les **hallucinogènes** (comme le PCP et le LSD).

Plus qu'à tout autre âge, notre adolescent, qui est en quête d'identité, d'indépendance et de sensations nouvelles, peut être tenté par l'une ou l'autre de ces substances. L'alcool et la drogue modifient l'état de conscience et la perception. Les jeunes qui en consomment sont désinhibés, se mettent « dans l'ambiance », trouvent tout plus agréable, plus hilarant et se croient plus drôles, des effets qu'ils recherchent spécialement dans les fêtes d'amis. Certains d'entre eux feront l'expérience du tabac, de la drogue ou de l'alcool simplement pour impressionner l'autre sexe ou pour se faire accepter au sein d'un groupe. Quelques-uns pousseront l'expérience jusqu'à la dépendance.

C'est particulièrement vrai pour l'alcool, qui sert souvent de facilitateur social. Il détend, réduit la timidité, donne de l'assurance et, surtout, permet à l'adolescent de faire « comme tout le monde » et ainsi d'éviter d'être à part, d'être celui qui n'a pas de verre ou de bouteille à la main, celui « qui ne boit pas » ! Fort heureusement, aujourd'hui, il est de plus en plus « normal » et même valorisé chez les jeunes de s'abstenir de boire, notamment dans le but d'assumer le rôle de chauffeur désigné.

L'attrait des substances psychoactives répond à un autre besoin des adolescents : soit d'attirer l'attention de leurs parents, soit de les provoquer, de les défier, et d'exprimer ainsi leur indépendance : « Moi, je fais ce que je veux ! » Ils veulent faire des expériences pour tester les limites de leur personnalité, leur identité. Cette recherche inquiète parfois les parents, mais elle n'est généralement pas catastrophique et il faut, jusqu'à un certain point, faire confiance à nos jeunes, une attitude qui ne peut que les aider à développer leur autonomie. Au contraire, une attitude trop protectrice, marquée par une inquiétude permanente et exagérée, agira comme un frein dans leur développement. En dosant nos interventions (sans excès d'inquiétude ou d'autorité), nous devons, comme parents, établir tout de même des limites et mettre nos adolescents en garde contre les dangers de ces substances.

Mon adolescent commence à fumer ! Comment réagir ?

L'attrait de la cigarette est très présent chez les adolescents qui ressentent le besoin de transgresser les conseils ou les directives des parents, de montrer « leur » personnalité. Plusieurs commencent à fumer pour épater leur entourage ou pour faire comme les autres. Cela leur donne un sentiment d'autonomie. La cigarette est encore malheureusement liée à la séduction, à la maturité et à la confiance ; elle est perçue comme un symbole de passage à l'âge adulte et d'indépendance face aux parents.

Peu importe la raison qui motive notre adolescent à fumer, nous sommes toujours déçus ou inquiets de le voir adopter une si mauvaise habitude. Notre rôle comme parents est d'aborder le sujet le plus tôt possible dans la vie de nos enfants. Lorsqu'ils sont tout jeunes, il est facile de leur parler des effets nocifs du tabac, notamment sur la respiration, les poumons et le système digestif, bref, d'amener nos enfants à prendre clairement position contre le tabagisme, de renforcer leur conviction que fumer, ce n'est pas bon pour la santé. Ils acquiescent alors à l'idée que la cigarette, c'est dangereux, ça sent mauvais et ça pique les yeux, et adoptent une position ferme : « La cigarette : ouache ! Jamais de la vie ! » Il arrive malheureusement que leur opinion change quelque peu à l'adolescence. Les arguments contre le tabagisme, pourtant si rationnels, ne tiennent plus à leurs yeux et les risques sur la santé leur paraissent tellement... irréels !

Le tabagisme n'a pas de sexe

Alors que la consommation d'alcool et de drogue est plus fréquente chez les garçons, le tabagisme, lui, est adopté dans les mêmes proportions chez les garçons et les filles, et parfois plus précocement chez ces dernières.

À votre grand désespoir, votre adolescent a décidé de fumer et vous vous demandez comment réagir ? S'il s'agit d'un premier « essai », rien ne sert de dramatiser. Cela fait partie de ses apprentissages et ne mènera probablement pas à une consommation régulière ; c'est du moins ce qui se passe dans la plupart des cas. Si toutefois l'habitude semble installée, il devient important d'intervenir.

D'abord, évitez de confronter votre ado, de vous opposer vigoureusement à sa décision ou de tenter d'exercer votre « pouvoir », votre autorité pour l'en dissuader. Cela risquerait de renforcer son sentiment d'indépendance, son besoin de vous défier pour vous montrer que c'est SA décision, SA vie. Les interdits sont le meilleur moyen de susciter le désir de provoquer. Ne banalisez quand même pas son comportement en faisant comme si de rien n'était. Tentez de trouver le bon dosage pour votre intervention : ayez avec lui une discussion ouverte et respectueuse vous permettant de présenter des arguments convaincants (auxquels le jeune sera sensible, tels que la réduction du souffle, le jaunissement des dents, la mauvaise odeur corporelle, la toux, la dépendance, les coûts, les effets sur la santé...) afin de l'amener à prendre lui-même l'initiative d'arrêter.

Le dialogue parent-adolescent dans le tabagisme des jeunes joue un rôle important : il s'agit de motiver et d'aider votre ado à arrêter de fumer, et ce, le plus rapidement possible afin de prévenir la dépendance ou d'y mettre fin rapidement. Plus la communication est facile, moins les jeunes continuent à fumer.

Parents fumeurs, enfants fumeurs ?

Les enfants de parents fumeurs perçoivent davantage le fait de fumer comme «normal» et les probabilités qu'ils fument sont deux fois plus grandes que chez les jeunes dont les parents ne fument pas. Cela peut s'expliquer, entre autres, par le *discours* entretenu depuis leur jeune âge, les parents fumeurs étant évidemment moins critiques envers le tabagisme et ses effets négatifs que les non-fumeurs.

Si vous fumez, vous pouvez malgré tout adopter une position claire en parlant des inconvénients que cette consommation vous apporte, de vos problèmes de toux et de santé en général, et de votre difficulté à vous débarrasser de cette fâcheuse habitude. Ces arguments peuvent avoir un grand effet dissuasif sur les adolescents tentés par la cigarette.

Il est important d'expliquer à votre jeune qu'il n'est jamais trop tard pour arrêter de fumer et que, plus il le fera tôt, plus les effets néfastes sur ses poumons seront réduits (puisque c'est réversible). Évitez toujours de dramatiser la situation et gardez à l'esprit que ce comportement, parfois provocateur, des adolescents s'atténue souvent lorsqu'ils vieillissent et acquièrent davantage de confiance en eux et de maturité. Finalement, n'oubliez surtout pas de valoriser votre jeune qui ne fume pas !

Dois-je accepter que mon ado consomme de l'alcool à la maison?

L'alcool est de très loin le produit psychoactif le plus consommé. Nos enfants seront tous, tôt ou tard (souvent vers 12-14 ans), en contact avec cette substance. Il est donc préférable d'aborder le sujet avant que cette première expérimentation ait lieu. Évitez surtout d'en faire un sujet tabou (comme celui de la sexualité peut l'être!).

Dans de nombreuses familles, c'est à la maison que les adolescents boivent leur premier verre de vin. À partir de 13-14 ans, nos jeunes deviennent de plus en plus curieux sur ce plan et expriment leur désir de « goûter », de prendre, eux aussi, un verre de vin à table. Selon nos valeurs respectives, il est possible de profiter de cette occasion pour démystifier l'alcool et faire en sorte que leur première consommation se déroule dans le cadre familial. Il est par contre prouvé que plus on commence à boire tôt, plus on est susceptible de devenir alcoolique. C'est pourquoi cet encadrement familial ne devrait pas impliquer une consommation régulière (mais seulement quelques gorgées, pour « goûter ») et ne devrait évidemment se faire qu'à partir de l'adolescence (vers 13-14 ans minimum). Cette pratique est toutefois fortement déconseillée lorsqu'il y a des antécédents d'alcoolisme dans la famille.

L'initiation au monde de l'alcool dans le milieu familial permet de communiquer ouvertement les risques à notre ado tout en l'amenant à *apprivoiser* l'aspect « plaisir » qui y est lié. Il s'agit de lui permettre de goûter progressivement à l'alcool dans un cadre précis et dans un contexte d'*apprentissage*.

Les habitudes de consommation de notre jeune peuvent être définies par ses premières expériences à table. Elles définiront par la suite le lien qu'il entretiendra avec l'alcool : un *plaisir contrôlé* ou, au contraire, un *interdit absolu* qui risque d'augmenter son désir de boire (parfois à l'excès) en cachette ou dès la première occasion (souvent dans un *party*). En fait, la présence d'alcool dans les fêtes d'amis est beaucoup plus intéressante ou excitante aux yeux d'un jeune pour qui l'alcool est totalement interdit que pour celui qui a eu l'occasion d'y goûter dans sa famille. En somme, une consommation contrôlée en milieu familial diminue les risques pour l'ado de manifester un comportement d'excitation ou de désir incontrôlé à la moindre présence d'alcool et, donc, de consommation abusive.

Les adolescents calquent leurs comportements et leurs attitudes par rapport à l'alcool sur les gens qui les entourent, principalement nous, leurs parents. Donnons-nous le mandat d'être pour eux des modèles en consommant d'une façon raisonnable et en en parlant ouvertement avec eux. Consommer de l'alcool de façon réfléchie, c'est :

* boire modérément (toujours en maîtrise de soi);
* boire lentement (pas de « calage »);
* boire pour les bonnes raisons et non pour fuir un problème ou suivre le groupe;
* boire presque exclusivement dans un cadre social;
* boire d'une manière qui ne nuit pas à notre santé et à nos activités normales.

Ne laissons pas notre adolescent découvrir ce « monde » par lui-même, car il sera alors plus sujet aux abus. Nos jeunes recherchent les nouvelles expériences, les découvertes et aspirent à devenir des adultes. Pas étonnant qu'ils apprécient tant cette démarche en famille et qu'ils la perçoivent comme un témoignage de notre confiance et de notre volonté de les appuyer dans leur quête d'exploration, d'autonomie et de maturité.

Qu'est-ce que le « calage » d'alcool et comment réagir aux excès ?

L'alcool n'est pas digéré : il passe directement du tube digestif aux vaisseaux sanguins. En quelques minutes, le sang le transporte dans toutes les parties de l'organisme, d'où les effets presque immédiats. Perte d'inhibition, de timidité, esprit de fête, détente, plaisir, c'est ce que nos ados ressentent en consommant de l'alcool. Malheureusement, les jeunes en consomment souvent trop... jusqu'à l'ivresse. Notre encadrement est donc de mise.

Les études indiquent que nous parlons moins à nos jeunes de la prévention de l'alcool que de sexualité. La sexualité étant déjà considérée comme un sujet tabou, imaginez à quel point le thème de l'alcool est peu abordé dans nos familles ! Pour la majorité des gens, l'alcool, c'est quelque chose de banal, de courant. Sa consommation faisant partie de nos mœurs, les parents ne ressentent pas le besoin d'en parler.

Presque tous les ados vont, un jour ou l'autre, consommer de l'alcool de façon excessive. Cela fait partie de leur apprentissage de la vie ou de leurs limites. Alors, ne réagissons pas trop si cela arrive. Nous devons toutefois, comme parents, encadrer la consommation de nos jeunes et, surtout, les prévenir des dangers qui les guettent et des risques relatifs aux excès : perte de contrôle, violence, rapports sexuels non protégés, coma éthylique, accidents de la route, etc.

Le « calage » d'alcool

Le calage, c'est l'action de boire une très grande quantité d'alcool en très peu de temps, dans le cadre de « concours » ou de défis, dans les bars ou les fêtes privées. C'est une pratique dangereuse qui entraîne souvent des intoxications graves pouvant provoquer le coma éthylique et même la mort. Il est donc important d'en parler avec nos adolescents.

Les conséquences de l'abus d'alcool sont généralement connues et familières (élocution difficile, perte d'équilibre, réflexes plus lents...), mais lorsque le niveau d'alcool dans le sang atteint l'intoxication, les effets sont plus graves : confusion mentale, insensibilité à la douleur, vomissements, cécité temporaire, trou de mémoire (ou *blackout*), absence de réaction, perte de conscience, difficulté à respirer, transpiration excessive. *Dans un tel cas, il faut intervenir et appeler de l'aide.*

Établir des limites claires face à la consommation d'alcool fournit à nos ados un portrait défini de ce qui est permis et de ce qui ne l'est pas. Selon leur âge et leur tempérament, nous pouvons évidemment adapter ces balises. Retenez qu'une trop grande rigidité, tout comme une trop grande permissivité, ne donne pas de bons résultats.

Éduquons nos jeunes à consommer de l'alcool raisonnablement. Une interdiction absolue n'est pas la meilleure solution : qu'on le veuille ou non, ils consommeront. Il est donc préférable de leur faire comprendre que, oui, l'alcool est associé à quelque chose de socialement agréable (au même titre qu'un bon repas entre amis), mais qu'il faut garder la maîtrise de soi en tout temps.

Comment savoir si mon adolescent prend de la drogue ?

Bon nombre de jeunes essaieront également la drogue au cours de leur adolescence. Certains fumeront du cannabis (marijuana ou pot) à quelques reprises, juste pour voir, d'autres pour faire comme tout le monde dans les *partys*, d'autres encore pour se faire accepter du groupe de jeunes ou simplement pour avoir du plaisir. Pour la majorité d'entre eux, la consommation est dite exploratoire ou occasionnelle et cessera aussi vite qu'elle est apparue. Mais chez certains, elle finit par prendre beaucoup de place et devient une dépendance.

Attention : on ne devient pas toxicomane en fumant de la mari quelques fois par mois ! Cette consommation *occasionnelle* n'entraîne aucune accoutumance physiologique ou psychologique. Par contre, si la consommation est intense, il y a dépendance psychologique : notre ado a alors l'impression d'avoir « besoin » de fumer chaque jour pour « réussir » à passer au travers de sa journée, pour surmonter son stress, sa déprime ou même pour s'endormir.

Le premier indice de dépendance est souvent un changement de comportement et d'attitude de notre adolescent qui perdure depuis quelques mois. Voici quelques indices :

* Il s'isole de plus en plus dans sa chambre.
* Il a le regard fuyant quand vous lui parlez.
* Il a changé d'amis.
* Il demande souvent de l'argent de poche.
* Il réussit moins bien à l'école.
* Il délaisse ses activités.
* Il se met en colère parce que vous videz ses poches pour faire la lessive.
* Il est de plus en plus bougon et arrogant en votre présence.
* Il utilise des gouttes pour les yeux (pour atténuer la rougeur).
* Il fait brûler de l'encens ou utilise du parfum dans sa chambre (pour masquer l'odeur).
* Il mange beaucoup moins ou beaucoup plus (certaines drogues coupent l'appétit, alors que d'autres incitent à manger).

Évitez cependant de sauter trop vite aux conclusions ! Gardez à l'esprit que l'adolescence est en soi une période de changements intenses qui peuvent être imputables à différentes causes : les fluctuations hormonales, une peine d'amour, une dépression, entre autres... C'est l'*accumulation* des changements ou des indices énumérés ci-dessus qui doit vous alerter.

Quelles sont les drogues les plus populaires ?

Pour les parents, le risque que leur adolescent consomme de la drogue est toujours inquiétant. Même si certains ont pu passer par là dans leur jeunesse, ils ont souvent l'impression que les drogues d'aujourd'hui sont différentes et plus dangereuses que celles d'avant. Les jeunes prennent principalement du cannabis (aussi appelé « marijuana » ou « pot »), mais également de nouvelles substances bon marché (telles que l'ecstasy), qui prennent la forme d'une simple capsule ou pilule colorée, une allure attrayante pour les jeunes et qui donne l'impression que le produit est inoffensif.

Voici une description sommaire de quelques-unes des principales drogues consommées par bien des adolescents :

Le cannabis (marijuana, haschich)

Le cannabis est, encore aujourd'hui, la drogue la plus consommée par les adolescents. Communément appelé « pot », « herbe », « weed », « mari », « skunk » ou « ganja », il se présente en deux variantes : la marijuana (feuilles) et le haschich (pâte huileuse de couleur foncée). La principale substance active responsable des effets du cannabis est le delta-9-tétrahydrocannabinol ou THC. Habituellement, le cannabis est fumé sous forme de cigarette (joint) ou dans une pipe. On peut également le consommer par voie orale dans un gâteau, un muffin ou un biscuit.

À tort, le cannabis est souvent comparé à l'alcool. Pourtant, il agit sur le système nerveux central de manière différente. Le cannabis apporte une certaine euphorie, une excitation ; la personne a plus de facilité à socialiser et obtient une sensation de bien-être et d'insouciance. Il peut également accentuer ses perceptions sensorielles et sa créativité. Ces effets peuvent durer quelques heures ; ensuite l'adolescent peut plonger dans un *down* marqué par une baisse d'énergie importante.

À long terme, cette drogue peut entraîner un manque de concentration, des trous de mémoire et des problèmes cardiorespiratoires (au même titre que la cigarette). Il est à noter que le cannabis ne provoque pas de dépendance physique, mais peut créer une forme de dépendance psychologique (le jeune ressent le « besoin » de consommer pour mieux se sentir).

Les amphétamines (speed)

Les amphétamines (et la méthamphétamine) sont souvent qualifiées de « drogue de *rave* », tout comme le MDMA (ou ecstasy), la kétamine et le GHB. Aussi appelées « speed », « amphet », « crystal » ou encore « ice », ces drogues de synthèse ont connu une popularité progressive non négligeable chez les jeunes fréquentant particulièrement les *raves* et les boîtes de nuit. Ce sont des stimulants majeurs, habituellement absorbés sous forme de pilule ou de poudre.

Les consommateurs d'amphétamines recherchent justement cet effet stimulant qui éloignera la fatigue, provoquera un sentiment d'euphorie très intense et leur donnera l'illusion d'être invincibles. Ils ressentiront une grande confiance en eux et auront l'impression d'être puissants. Un des effets connus des amphétamines est la perte d'appétit (ou « coupe-faim »), ce qui fait qu'on les utilise parfois, à tort, pour perdre du poids (surtout chez les filles).

Leur consommation peut entraîner des changements ou des problèmes physiques (associés à la perte d'appétit), un état d'épuisement (provoqué par un éveil prolongé) ainsi qu'une grande nervosité et peut mener à des troubles psychiques (psychose, paranoïa). Lorsqu'elles sont prises avec de l'alcool, les risques sont amplifiés.

Le MDMA (ecstasy)

Parfois appelée « drogue de l'amour », l'ecstasy est un hallucinogène stimulant vendu généralement en comprimés colorés, ornés d'un motif, et de formes variées. L'ecstasy peut être coupé avec de la caféine, de l'amidon, des détergents, du savon... bref, il est parfois difficile de savoir ce que les jeunes consomment !

Cette drogue a des effets semblables à ceux des amphétamines, mais les sensations tactiles et les émotions des utilisateurs sont beaucoup plus amplifiées et intenses. Les jeunes qui en consomment ont le goût de se rapprocher des autres, physiquement et psychologiquement. L'usage de l'ecstasy provoque une déshydratation de l'organisme, d'où la nécessité de boire beaucoup d'eau si le jeune se trouve dans une ambiance surchauffée et fait un effort physique important (comme dans les *raves*).

La consommation à long terme de cette drogue provoque un état dépressif, une perte d'appétit et des problèmes de peau.

e GHB

Cette drogue de synthèse, parfois aussi appelée « drogue du viol »,
« liquid ecstasy », « liquid X » ou « salty water », est généralement
vendue sous la forme d'un liquide au goût salé ou d'une poudre à
diluer, mais parfois aussi en capsules. Ses effets ressemblent beaucoup
à ceux que procure l'alcool : insouciance, euphorie et désinhibition.
Consommée avec de l'alcool, elle peut provoquer des épisodes d'amné-
sie pouvant aller jusqu'au coma.

La kétamine

La kétamine, aussi appelée « ké », « spécial k » ou « vitamine k », est un
hallucinogène. La personne qui consomme cette drogue aura l'impression d'être dans un rêve ; à forte dose, elle aura même l'impression de
ne plus être à l'intérieur de son corps (*near death experience* ou expérience de mort imminente). Les effets apparaissent rapidement et
peuvent durer de 5 minutes à 1 heure.

Pour l'instant, son usage demeure marginal. C'est une drogue dangereuse en raison des effets qu'elle entraîne : perte de conscience possible, troubles psychiques, paralysie temporaire, danger d'arrêt respiratoire ou de défaillance cardiaque.

La cocaïne/le crack

Vendue sous forme de fine poudre blanche, la cocaïne est aussi appelée
« coke », « poudre », « sniff » ou « snow ». Malgré son coût élevé, son
usage et sa disponibilité s'accroissent.

Lorsque la cocaïne est mélangée avec des substances alcalines, elle
forme une roche cristalline qu'on appelle « crack » (« rouche », « rock »,
« freebase »). Certains fument le crack en le mélangeant avec du cannabis dans un joint (appelé alors un « juicy »).

La cocaïne procure de l'euphorie, une impression de confiance en
soi et le sentiment d'être invincible. Une autre caractéristique de cette
drogue est de lever les inhibitions, ce qui peut conduire à commettre
des actes de violence ou des agressions sexuelles. La cocaïne provoque

une dépendance psychique importante. Ses effets sont de courte durée (environ 30 minutes) et un immense désir d'en consommer à nouveau apparaît dès que les effets sont dissipés.

Le LSD et les champignons hallucinogènes
Le LSD est obtenu à partir d'un champignon parasite du seigle et est apprécié pour ses effets psychédéliques. Souvent vendu sous forme de buvard (carré de papier sur lequel est imprégnée la substance qu'on applique sur la peau) ou sous forme liquide, cet hallucinogène puissant entraîne des modifications sensorielles intenses, provoque des hallucinations, des fous rires incontrôlables, voire des délires sur une période pouvant durer plusieurs heures. Cette drogue peut provoquer des crises de panique, des phobies, de la paranoïa, bref, des problèmes psychiques importants et durables.

Les champignons hallucinogènes (aussi appelés « mush » ou « champignons magiques ») ont des effets similaires, mais l'expérience est moins intense et souvent moins troublante.

L'héroïne
L'héroïne est une drogue puissante, obtenue à partir de la morphine. Elle se présente sous la forme d'une poudre et est généralement injectée après dilution et chauffage. Son usage semble fort heureusement en baisse. L'héroïne provoque un effet apaisant, euphorique et une sensation d'extase. Sa consommation apporte des troubles tels que l'anorexie et l'insomnie ainsi qu'une forte dépendance. La surdose d'héroïne peut provoquer une insuffisance respiratoire (perte de conscience) et la mort.

Comment réagir si mon ado prend de la drogue ?
À l'adolescence, les jeunes ont besoin de faire leurs propres expériences, c'est pour cette raison qu'il ne faut pas jeter la pierre à votre ado s'il a déjà consommé de la drogue. Rien ne sert de dramatiser. Posez-lui quelques questions afin de cerner son usage. Qu'a-t-il pris ?

Est-ce qu'il consomme seulement à l'occasion ? À quelle fréquence ? Dans quelles circonstances : seul ou en groupe ?

Tentez également de connaître les raisons qui l'incitent à consommer. Est-ce par plaisir ? Pour faire comme les autres ? Parce qu'il a des problèmes, des soucis ? Parce que cela lui apporte un bien-être ? Faites-lui comprendre que vous êtes là pour l'écouter. Surtout, évitez de fermer les yeux et entamez le dialogue : il est nécessaire de parler en toute confiance de cette consommation afin d'éviter qu'elle prenne des proportions plus inquiétantes encore.

Si votre jeune vous avoue qu'il prend occasionnellement de la drogue (dans les fêtes d'amis, par exemple), écoutez-le attentivement et expliquez-lui pourquoi vous n'êtes pas d'accord avec cette consommation ; dites-lui que cela ne vous plaît pas du tout et que vous vous inquiétez pour sa santé.

« Même si tu n'es plus un enfant, ton cerveau est encore en pleine croissance et tu risques d'avoir des effets permanents ! »

Voici quelques arguments pour le dissuader de consommer du cannabis (la drogue la plus en vogue chez les ados) :

* **Pire que la cigarette !** On connaît tous les impacts de la cigarette sur la santé (sur les poumons, entre autres). Fumer un joint de cannabis encrasse les poumons 10 fois plus que fumer une cigarette ! Chaque joint de cannabis équivaut donc à fumer plus de 10 cigarettes.

* **Le cannabis... pas si naturel que ça !** Malgré certaines propriétés thérapeutiques qui lui sont associées (entre autres dans les traitements de chimiothérapie ou comme stimulateur de l'appétit pour aider certains malades à se réalimenter), le cannabis demeure une substance très nocive. Il contient beaucoup plus de goudron que la simple cigarette ; il présente une concentration plus élevée de produits cancérigènes et de nombreux produits

chimiques nocifs tels que l'ammoniac et le cyanure d'hydrogène. Sans compter que le cannabis est souvent «coupé» avec une ou plusieurs autres substances parfois douteuses et qui peuvent être très dangereuses pour la santé.

* **Une inhalation plus dévastatrice!** Les fumeurs de cannabis inhalent la fumée plus profondément que la fumée de cigarette et la retiennent plus longuement dans les poumons, jusqu'au bout de leurs limites respiratoires, ce qui accentue énormément l'absorption des substances nocives par les bronches. Les maladies bronchiques des fumeurs de cannabis sont très fréquentes (dont l'asthme), et l'emphysème les guette!

* **L'escalade psychologique.** On ne meurt pas d'une surconsommation de cannabis. Par contre, un usage régulier peut provoquer des périodes de démotivation, de dépression et entraîner une escalade : le cannabis peut créer des problèmes d'anxiété majeurs qui seront soulagés par... la prise de cannabis! L'adolescent entre ainsi dans un cercle vicieux et aura continuellement besoin d'en consommer de plus en plus. Cette escalade peut s'avérer dévastatrice chez notre adolescent.

Lorsque vous parlez de la drogue avec votre adolescent, décrivez-lui calmement toutes les conséquences dommageables sur sa santé et expliquez-lui que les effets immédiats sur le système nerveux (tels que l'augmentation du temps de réaction, l'absence de coordination, la modification des sensations...) sont encore plus importants qu'avec l'alcool. Dites-lui que vous vous inquiétez pour lui. Faites appel à la confiance et à son sens des responsabilités. Un jeune qui sent que votre opposition est fondée sur le désir non pas seulement d'exercer votre autorité, mais bien de le protéger sera probablement plus réceptif à ce message. Et s'il ne l'est pas, vous vous devez d'insister et d'assumer votre rôle de parent, qui est de prendre les mesures nécessaires pour éviter que cela ne se reproduise (privation de sorties ou interdiction d'aller au prochain *party*...).

Vous avez déjà consommé ? Et après ?

Bien des parents ont eux-mêmes eu l'occasion de fumer du cannabis dans leur jeune temps, sans pour autant avoir développé quelque dépendance que ce soit. Il est donc normal qu'ils ne sautent pas au plafond et ne réagissent pas violemment en apprenant que leur ado a fait la même chose !

Sachez toutefois que le cannabis actuel n'a rien à voir avec celui d'il y a 15 ou 20 ans. En effet, en raison des méthodes de sélection agronomique de plus en plus efficaces, sa teneur en THC (tétrahydrocannabinol), qui est la molécule active, est près de 10 fois plus élevée qu'à l'époque. Qui plus est, la consommation de drogue est beaucoup plus précoce actuellement, ce qui rend les conséquences sur le système nerveux encore plus dommageables.

Il est donc important de ne pas laisser faire sous prétexte que nous sommes déjà passés par là ; nous devons aviser notre jeune des conséquences de la drogue sur sa santé !

Un cas de dépendance ?

Si la consommation de notre adolescent n'est pas occasionnelle et se rapproche beaucoup plus de la dépendance, il faut prendre la chose au sérieux et tenter de comprendre les raisons qui le poussent à consommer (stress, anxiété, problèmes relationnels...). Il ne faut ni se dérober en faisant semblant de rien, ni foncer tête baissée et réagir trop brusquement, dans la confrontation. Ce n'est pas le moment de le juger ni de l'accuser, mais plutôt de lui faire part de nos inquiétudes. S'agit-il d'un appel à l'aide ? La consommation vient-elle soulager un état dépressif, anxieux ? L'aide-t-elle à surmonter certaines difficultés ?

Il est normal de s'inquiéter quand notre ado cherche à anesthésier sa pensée et que la consommation n'est plus « récréative » mais autothérapeutique, c'est-à-dire quand la substance psychoactive est utilisée comme antidépresseur et/ou anxiolytique (tranquillisant qui apaise l'anxiété, le stress, l'angoisse...). Si votre jeune vit une telle situation, consultez des professionnels (psychologues, psychoéducateurs, intervenants en toxicomanie, travailleurs sociaux...).

Si vous n'obtenez pas de collaboration de la part de votre enfant, s'il nie tout, n'insistez pas trop ; évitez les mesures excessives ou brutales qui pourraient l'amener à se révolter encore plus. Informez-le que, dans son intérêt, vous allez agir et que vous n'avez pas l'intention de laisser aller les choses, comme si de rien n'était. Avisez-le de vos intentions d'en discuter, par exemple, avec le personnel enseignant, afin de cerner la problématique. Un changement d'école peut s'avérer la solution si de mauvaises fréquentations sont la source du problème. Si la relation avec votre adolescent est particulièrement difficile, conflictuelle, et que vous ne vous sentez pas en mesure d'entamer le dialogue, l'aide de professionnels ou la thérapie familiale peuvent s'avérer fort utiles.

L'important, c'est de tenter de discuter du problème de consommation sans préjugés (nos ados détestent se sentir jugés et condamnés) et d'éviter la simple répression, les menaces ou les punitions. Il faut que notre ado prenne conscience que nous agissons toujours POUR lui, et jamais contre lui !

Les psy-trucs

1. Prendre conscience que l'adolescence est le temps des nouvelles expériences et qu'il est normal que notre jeune fasse des essais dans la vie.

2. Ne pas réagir excessivement si notre adolescent commence à fumer. Dans une discussion ouverte, lui exposer les dangers du tabagisme et nos inquiétudes concernant sa santé.

3. Accepter qu'il soit dans la norme que notre adolescent s'intéresse à l'alcool puisqu'il fait souvent partie de nos rencontres sociales, de nos repas...

4. Accepter aussi qu'à partir de l'adolescence (14-15 ans), notre jeune puisse se familiariser progressivement avec l'alcool dans un cadre familial (vin au repas) afin d'apprivoiser ce plaisir, qui sera ainsi progressivement contrôlé, sans excès.

5. Ne pas viser l'*interdit absolu* de l'alcool, qui risque d'augmenter son désir d'en consommer (souvent à l'excès) en cachette, à la moindre occasion ou fête d'amis.

6. Parler régulièrement de nos attentes concernant l'alcool ainsi que des effets et des dangers qui y sont liés, dont les accidents de la route. Informer notre jeune, entre autres, des dangers réels du phénomène de « calage ».

7. S'informer sur les drogues, leurs effets et les signes de consommation, afin d'être en mesure de les reconnaître.

8. Ne pas avoir une attitude opposante, réactionnaire ou trop autoritaire si nous surprenons notre ado à consommer. Cela ne ferait qu'amplifier son désir de nous défier.

9. Rester à l'écoute de notre jeune afin de bien cerner l'ampleur ou la fréquence de sa consommation et d'en comprendre les raisons. S'agit-il d'une consommation occasionnelle, entre amis seulement ? En bout de ligne, il faut l'aider à cesser !

10. Expliquer à notre ado les effets nocifs et les dangers d'une consommation régulière et demander l'aide de professionnels s'il consomme régulièrement de la drogue.

Mon ado se désintéresse de l'école !

Les questions que tout parent se pose :

* **Comment expliquer la démotivation de mon adolescent face à l'école ?**
* **Comment puis-je aider mon jeune à être motivé à l'école ?**
* **Comment dois-je réagir devant un mauvais bulletin ?**
* **Il veut abandonner l'école : que faire ?**

Depuis qu'il est entré au secondaire, votre Charles se désintéresse de l'école. Quand il revient à la maison, il se lance dans le sport, la télé et les jeux vidéo. Des devoirs ? « Ben non ! », vous affirme-t-il sur un ton désintéressé. Il revient avec des résultats scolaires de plus en plus médiocres dans une indifférence qui vous désarçonne. Votre enfant est-il démotivé vis-à-vis de l'école ? Va-t-il persister ou... tout lâcher ?

Comment expliquer la démotivation de mon adolescent face à l'école ?

Plusieurs études indiquent que même si la grande majorité des adolescents se sentent relativement bien à l'école, les difficultés scolaires représentent les problèmes les plus fréquents à cet âge, après les problèmes familiaux. Les grandes transformations physiques et psychologiques liées à l'adolescence peuvent en effet entraîner des difficultés scolaires, ponctuelles ou à plus long terme. C'est une période complexe qui peut changer la perception de nos jeunes vis-à-vis des études et, surtout, l'importance qu'elles occupent dans leur vie en plein bouleversement.

Les signes de démotivation
Plusieurs signes peuvent nous indiquer une perte de motivation scolaire :

* la tristesse ;
* l'apathie ;
* la difficulté à se lever pour aller à l'école ;
* les absences injustifiées ;
* les problèmes d'attitude en classe ;
* l'indifférence face à tout ce qui se rapporte aux études ;
* les critiques concernant l'école ;
* le refus de parler de l'école ;
* la baisse des résultats scolaires.

Les problèmes d'attitude en classe sont fréquents chez les adolescents dont la seule motivation à aller à l'école se résume à *socialiser*, à voir leurs amis. Ils sont toujours prêts à jaser, à déranger et à perdre leur temps en classe et se retrouvent souvent en retrait ou en retenue.

Le manque de volonté d'aller à l'école peut être une manifestation d'opposition chez le jeune ou une stratégie d'évitement lorsqu'il n'a pas de facilité à apprendre. S'il ne voit tout simplement pas l'intérêt d'aller à l'école, c'est certain qu'il ne sera pas motivé ! En classe ou à la maison, il se demandera régulièrement pourquoi apprendre la géométrie, l'histoire ou les mathématiques. « Ça sert à quoi ? » pensera-t-il. D'où sa démotivation.

Il n'y a pas d'enfant paresseux en soi. Le désinvestissement scolaire cache généralement d'autres problèmes plus importants et il faut chercher à comprendre les raisons de ce désintérêt chez l'adolescent :

* Est-ce une façon de fuir parce qu'il ne se sent pas à la hauteur ?
* Est-ce qu'il subit une mauvaise influence de la part de ses amis ?
* Êtes-vous trop exigeant ou contrôlant concernant sa réussite ?
* Est-ce une réaction en guise d'opposition ?

* Vit-il un deuil ? Êtes-vous dans un processus de séparation ou de divorce ?
* Est-ce que vous vivez des conflits familiaux qui lui imposent un stress ?
* Subit-il de l'intimidation à l'école ?
* Ressent-il de l'anxiété face à ses résultats scolaires ?
* Présente-t-il un trouble de déficit d'attention (TDAH) qui l'empêche d'avoir une concentration soutenue ?
* Est-il particulièrement fatigué ces derniers temps ?
* Est-ce qu'il se nourrit bien ? Pas de problème d'anorexie, par exemple ?

Des troubles d'apprentissage non dépistés au primaire peuvent contribuer aux insuccès et à la démotivation scolaire. Ce sujet a été traité plus en détail dans le tome 4 de cette série : *Les Psy-trucs pour les préados de 9 à 12 ans.*

Si votre adolescent éprouve des difficultés à l'école depuis plusieurs années, il est peut-être tout simplement découragé et prêt à abandonner, ne voyant pas la lumière au bout du tunnel.

Les valeurs familiales véhiculées peuvent également avoir un impact : les parents qui entretiennent un discours vantant le fait qu'ils ont réussi leur vie sans diplôme, ceux qui ne valorisent pas l'école, qui ne participent pas aux réunions de parents, peuvent influer sur la motivation de leurs jeunes.

Reste que voir son adolescent en détresse ou démotivé est toujours difficile pour un parent. La plupart d'entre nous misent beaucoup sur l'école. Nous aimerions tellement que nos jeunes réussissent et s'en sortent bien dans la vie ! Notre façon de réagir doit se résumer à cerner ce qui ne va pas dans la vie de notre ado et à tenter de l'aider en cherchant, avec lui, des solutions.

Comment puis-je aider mon jeune à être motivé à l'école ?

Si la source des problèmes scolaires est liée à des événements externes, tels que l'intimidation, des problèmes familiaux, une communication difficile entre vous et votre adolescent, une séparation ou un divorce, une difficulté à gérer son stress ou un trouble de l'attention, communiquez avec le personnel de l'école, qui vous guidera vers les bonnes ressources (entre autres, travailleur social, psychologue, psychoéducateur). N'hésitez pas à faire appel aux ressources disponibles dans le milieu scolaire ou en cabinet privé afin d'établir un plan d'action approprié au problème de votre adolescent.

S'il s'agit de problèmes purement scolaires dans une ou deux matières seulement, alors vous pourriez convenir avec votre jeune de moyens de rattrapage spécifiques (période de récupération à l'école, travaux supplémentaires à la maison, meilleur suivi des devoirs...). Si le problème est global, qu'il concerne plusieurs matières, votre adolescent aura probablement besoin d'un encadrement plus serré. Les services d'un tuteur, qui l'aidera à faire ses devoirs et à réviser la matière vue en classe, peuvent s'avérer une solution. Des périodes d'études surveillées et dirigées (aide aux devoirs) lui permettront, pour leur part, de faire son travail en présence d'un enseignant, qui pourra le superviser et soutenir ses apprentissages. Informez-vous : plusieurs écoles – possiblement celle de votre adolescent – offrent de nombreux services pour faciliter la réussite de leurs élèves. Il s'agit de les utiliser !

À partir du moment où vous avez ciblé les causes de sa démotivation, essayez d'en parler avec votre adolescent, non pas pour lui faire la morale, mais bien pour trouver des solutions avec lui et augmenter sa motivation face à la réussite scolaire.

Il est possible, voire normal, que notre enfant soit occasionnellement démotivé ; dans ce cas, notre rôle se résume bien souvent à l'encourager et à valoriser ses forces, non pas à le critiquer ou à lui faire des reproches. Nous devons tenter de préserver l'estime de soi de notre jeune qui traverse ce passage à vide.

Souvenez-vous également que ses résultats scolaires ne sont pas nécessairement garants de sa réussite future dans la vie. Rien ne sert de mettre davantage de pression sur ses épaules pour qu'il ait de meilleures notes ; le résultat d'une telle attitude serait plus de stress pour lui, et non pas plus de motivation !

En fait, la motivation scolaire représente le moteur qui pousse nos adolescents à faire les *efforts* requis pour réussir. La motivation n'entraîne pas nécessairement de bonnes notes, mais plutôt de *bons efforts*. De plus, on ne peut pas forcer son adolescent à avoir le goût d'apprendre (c'est une motivation intrinsèque), mais on peut l'encourager à apprendre par divers moyens externes (ou motivation extrinsèque). Donc, rien ne sert de le « menacer » ou d'adopter une attitude rigide en croyant que cela le décidera à être motivé.

Voici quelques pistes pour vous aider à encourager et à motiver votre adolescent :

* **S'intéresser à son école.** Votre attitude face à tout ce qui touche l'école a un énorme impact sur la motivation de votre adolescent. Même s'il est devenu grand, il a encore besoin de vous et de votre soutien pour réussir dans ses études. N'oubliez surtout pas que s'intéresser à la vie scolaire et parascolaire de votre jeune, c'est s'intéresser à lui ! Allez voir ses spectacles, posez-lui des questions sur sa journée, sur ses enseignants...

* **Souligner ses moindres succès et ses efforts.** L'apprentissage et la motivation scolaire sont des éléments très *affectifs*. Souligner constamment ses forces, ses efforts, ses améliorations et ses moindres petites réussites, c'est l'encourager à poursuivre.

* **Devenir un bon « coach » scolaire.** Les parents ne devraient-ils pas être aussi motivants concernant l'école qu'ils ne le sont pour d'autres activités auxquelles s'adonnent leurs adolescents ? Bien des parents prennent à cœur les activités sportives de leurs enfants et les encouragent sans relâche dans ce domaine. Ils peuvent donc être très convaincants, et c'est jus-

tement cet intérêt ou cette attitude qu'ils devraient manifester face à l'école.

✳ **Avoir une bonne attitude vis-à-vis des difficultés scolaires.** Notre *réaction* et notre *façon d'intervenir en ce qui concerne les mauvaises performances* de notre adolescent prennent toute leur importance et peuvent avoir un sérieux impact sur sa motivation scolaire. Une réaction excessive ou négative décourage notre adolescent, le démotive, attaque son estime de soi, affecte sa confiance en lui-même et, finalement, risque de le détourner encore davantage de l'école.

✳ **Favoriser l'estime de soi et le sentiment de compétence.** L'estime de soi et la confiance en leurs capacités sont souvent déficientes chez les adolescents démotivés par l'école. Ils se découragent facilement (souvent avant même d'avoir commencé une tâche), ils ont de la difficulté à identifier leurs forces et leurs qualités. Tous les jeunes devraient être en mesure d'avoir une bonne perception d'eux-mêmes pour être heureux et réussir à l'école et nous pouvons fortement contribuer à développer cette confiance. Les commentaires suivants sont à éviter :

« Fais-tu exprès de ne pas comprendre ? »
« T'es juste un paresseux ! »
« Depuis que tu es à la maternelle, je dois toujours être à côté de toi...
Vas-tu un jour te prendre en main ? »
« J'espère juste que tu vas passer à travers ton secondaire ! »

Le *sentiment de compétence* permet à l'adolescent de se sentir capable de faire quelque chose, capable de réussir. C'est au cours de son apprentissage et, surtout, de ses réussites successives (à la maison et à l'école) que le jeune développe sa confiance, qui est à la base de la motivation. Mais au cours de son développement, notre enfant ne vivra pas seulement des réussites. Les erreurs, les difficultés, les échecs font partie intégrante de son apprentissage de la vie. Devant ceux-ci, nous devons faire preuve de prudence, éviter qu'ils soient perçus négativement et tenter d'aider notre adolescent à les affronter positivement sans affecter sa confiance.

L'anxiété de performance à l'école

L'anxiété de performance est un niveau de stress important, qui nuit au bon fonctionnement d'un jeune. C'est la peur de l'échec. Les adolescents vivent beaucoup de stress lié à leurs activités scolaires ou aux exigences qui leur sont parfois imposées (horaire surchargé, surmenage, discipline trop rigide, pressions trop grandes, attentes trop élevées...). Le stress de la performance est souvent le fait de jeunes performants qui tolèrent peu l'échec, de ceux qui ont peur de ne pas être à la hauteur des *attentes* ou encore de ceux qui éprouvent des difficultés scolaires et craignent les conséquences pouvant en découler.

Cette anxiété amènera un adolescent à nourrir des réflexions telles que:

« Il faut que je gagne, sinon mes parents ne m'aimeront pas. »
« Si je ne réussis pas, je suis nul. »
« Même si je réussis, ce n'est jamais assez ! »

Les acteurs les plus importants dans la gestion du stress d'un jeune sont, évidemment, les parents. Il est de notre devoir de détecter les signes indiquant qu'on en demande trop à notre enfant. Encourager un jeune à se dépasser, c'est bien, mais il ne faut jamais qu'il ait l'impression qu'on l'aime uniquement lorsqu'il performe.

Faisons la différence entre *encourager* et *pousser*: encourager, c'est favoriser le développement; pousser, c'est aller à l'encontre de la volonté de la personne ! Il faut donc se questionner sur les raisons qui motivent le refus de notre enfant et l'encourager sans trop lui mettre de pression.

Notre attitude envers tout ce qui touche son école peut très certainement démontrer à notre adolescent que nous avons à cœur sa réussite scolaire, mais encore faut-il qu'il y mette les efforts minimaux. Étudie-t-il devant la télé ou l'ordinateur? En faisant de multiples interventions dans les médias sociaux ou en envoyant de nombreux textos? Manque-t-il de concentration? Étudie-t-il suffisamment? Fait-il toujours le minimum, soit ses devoirs, sans consacrer de temps à l'étude? Beaucoup d'ados n'étudient qu'à la dernière minute, voire pas du tout, parce qu'ils ont l'impression d'avoir entièrement compris la matière enseignée en classe.

Si votre jeune présente l'une ou l'autre de ces attitudes, alors il faudrait peut-être discuter avec lui d'un environnement de travail plus approprié et d'un horaire d'étude régulier, par exemple au moins 30 minutes par jour (période sans télé, jeux vidéo, ordinateur...). Il acceptera sans doute difficilement ces recommandations ou suggestions et s'opposera peut-être à toute intervention de votre part! Votre défi sera donc de l'amener à se prendre en main sans trop forcer les choses, sans trop lui mettre de pression. Il faut persister à encadrer notre jeune et, surtout, ne pas lâcher prise en pensant que, maintenant qu'il est au secondaire, il est assez grand et mature pour s'organiser tout seul.

Le syndrome de l'échec

Malgré tous les efforts et la bonne volonté du monde, pour certains adolescents, il n'y a rien à faire! Ils ne sont pas réceptifs, ils font tout pour éviter les travaux scolaires, refusent tout effort, se limitent toujours au minimum demandé, ne démontrent aucun intérêt ou semblent tout à fait indifférents aux résultats ou aux conséquences! Cette attitude est certes très éprouvante pour les parents. Elle peut cependant révéler un malaise plus profond qu'il faut tenter de comprendre.

Une telle attitude peut être attribuable, entre autres, à ce qu'on appelle le «syndrome de l'échec». Ce syndrome peut se développer chez un élève qui a vécu de nombreuses difficultés scolaires et dont

>

quotidien, les évaluations, les enseignants, les notes, les images ren-
voyées par les parents ou les amis ont martelé son estime de soi et sa
confiance en soi. Le milieu scolaire et les difficultés rencontrées
peuvent lui projeter une image blessante et humiliante, image dont il
voudra se prémunir en adoptant progressivement une « carapace » ou
des comportements d'évitement. De surcroît, il exprimera publiquement son désintérêt envers l'école, manifestera de l'opposition ou se
repliera sur lui-même en guise de protection.

Si votre adolescent présente de telles attitudes, n'hésitez pas à
consulter un professionnel (psychologue ou psychoéducateur, par
exemple) ou le personnel de l'école afin de l'aider à rebâtir sa confiance
en soi et à avoir, comme tous les élèves qui aspirent à réussir, une
bonne perception de lui-même et de l'école.

Comment dois-je réagir devant un mauvais bulletin ?

Un bon bulletin ne pose en général aucun problème aux parents ! Il
permet à l'adolescent d'être fier de lui et de partager sa réussite avec
eux. Il en va autrement quand le bilan est moins positif. Comment
devons-nous réagir dans ce cas ? Voici quelques conseils :

1. **Regarder le bulletin avec son adolescent.** Particulièrement à
   l'adolescence, il faut éviter de « s'approprier » le bulletin de notre
   jeune, mais, au contraire, le consulter *ensemble* afin qu'il ait la
   chance de faire ses propres constats, de commenter lui-même
   ses résultats. C'est une bonne façon de lui permettre de s'approprier ses résultats et de le responsabiliser face à l'école. Bien des
   adolescents ne consultent pas leur bulletin, et certains ne savent
   même pas quelles notes ils ont obtenues ou à quel niveau se
   situent leurs progrès ou leurs difficultés ! Comment peut-on par
   la suite espérer qu'ils s'améliorent ?

2. **Souligner les points positifs.** Félicitez d'abord votre adolescent
   pour les bons résultats, les signes d'efforts, les progrès ainsi que

pour les bons comportements soulignés par les enseignants. Cela lui permettra de préserver son estime de soi.

3. **Souligner les améliorations.** Que les résultats soient bons ou non, vous devez mettre l'accent sur *toutes les améliorations de votre adolescent*. Elles peuvent concerner tant ses résultats scolaires que son *attitude* ou ses efforts. Il est inutile de comparer ses résultats avec la moyenne du groupe ou avec les notes de son frère ou de sa sœur ! Regardez plutôt sa propre évolution. Si vous constatez que ses notes ont augmenté par rapport au trimestre précédent, soulignez-le et félicitez votre ado : « Bravo, tu t'es amélioré ! Continue comme ça, tu es sur la bonne voie... » En mettant l'accent sur l'amélioration et l'effort fourni, vous motivez votre adolescent.

4. **Discuter des problèmes et des solutions.** Devant des notes moins reluisantes ou face à un échec dans une matière, adoptez une attitude conciliante : discutez avec votre adolescent des raisons qui peuvent expliquer ces résultats et des solutions possibles. Étudier davantage ? Aller aux périodes de récupération ? Travailler avec un tuteur après l'école ? Se fixer de nouveaux objectifs ?

Rien ne sert de hausser le ton, de faire la morale à un jeune ou de le punir pour un mauvais bulletin. Ayez une discussion constructive avec votre adolescent et établissez ensemble une ligne de conduite. Si vous adoptez une telle attitude, il comprendra que, peu importe ses résultats, vous serez réceptif, ouvert et que le but de cette rencontre est de *faire le bilan* et de *trouver des solutions* aux problèmes.

Retenez que toutes les études démontrent clairement que plus un adolescent a confiance en lui, meilleurs sont ses résultats scolaires. Et la motivation chez les adolescents va en augmentant lorsqu'ils croient en eux-mêmes et en leurs moyens. Il faut donc prendre le temps d'aider notre jeune à *se fixer de petits objectifs à sa mesure* et sa confiance en lui grandira progressivement. Plus votre adolescent ciblera ce sur quoi il veut travailler et établira des objectifs réalistes à court terme, mieux sa motivation se portera.

Il veut abandonner l'école : que faire ?

Malgré toutes les solutions envisagées, certains jeunes ne (re)trouvent jamais de motivation pour l'école et veulent tout abandonner. Cette attitude est très déstabilisante pour les parents. Peu importe les raisons invoquées par l'adolescent, il faut avant tout éviter de réagir excessivement, de critiquer ou de menacer ; cela ne ferait que le camper encore plus sur sa position et élargirait davantage le fossé entre lui et vous. Il s'agit donc ici de prendre du recul et, calmement, d'essayer de comprendre ce qui le motive, de cerner le problème qui se cache derrière cette attitude.

Il est possible que cette volonté de tout lâcher soit la résultante de nombreuses années de difficultés scolaires auxquelles notre adolescent s'est résigné et qui l'ont amené à abandonner la bataille. Il est souvent question du *syndrome de l'échec* dans ce cas, soit ce sentiment d'être incapable de réussir, une perception que les adolescents développent lorsqu'ils ont vécu des difficultés scolaires pendant des années ; pour ces jeunes, le système scolaire ne représente qu'une source de déceptions, d'échecs, d'expériences négatives, blessantes ou humiliantes qui ont grandement nui à leur estime de soi et à leur confiance en soi (voir aussi l'encadré à la page 149). Devant ce constat, ils voudront se protéger en abandonnant tout simplement ce milieu qui n'est que source de souffrance pour eux.

Par contre, si un jeune dont les résultats scolaires étaient relativement satisfaisants veut subitement lâcher l'école parce qu'il n'y arrive plus, c'est que le problème est ailleurs. Sa source se trouve peut-être dans des situations difficiles qu'il n'est plus capable de gérer : deuil, divorce, intimidation... Ce peut être aussi simplement une façon de nous faire réagir, de nous dire qu'on ne s'intéresse pas assez à lui ou qu'il ressent un grand besoin de s'opposer ou de se dégager de nos mailles tricotées trop serré. Dans ces cas-là, il suffit en général d'une bonne discussion et de certains changements pour que tout cela passe.

Est-ce parce qu'il n'aime pas son école, ses amis, son milieu ? Alors, un changement d'établissement pourrait être une façon de lui donner un second souffle. Est-ce par désir d'émancipation ? Veut-il travailler et gagner de l'argent pour subvenir à ses besoins (sorties, vêtements...) ? La balle est alors dans notre camp ! Souvenez-vous que nos adolescents ont besoin que nous les soutenions sur le plan affectif et, bien souvent, sur le plan financier pour être en mesure de poursuivre des études. Si notre jeune doit travailler de 15 à 20 heures par semaine pour payer ses vêtements, ses cours, ses activités, ses sorties, c'est beaucoup lui demander et cela le place dans une situation d'essoufflement pouvant mener à l'abandon scolaire. Ne demandons pas systématiquement à nos adolescents de réussir leurs études tout en étant autonomes comme des adultes. Ils ont besoin de notre appui pour rester motivés et parvenir au succès !

Dans tous les cas, il faut parler avec notre adolescent, tenter de comprendre ce qui le motive et aller chercher de l'aide, si cela est nécessaire. Il faut s'assurer qu'il ne s'agit pas d'une simple crise passagère, mais d'une décision mûrement réfléchie.

Demandez à votre adolescent s'il sait ce qu'il va faire. A-t-il un plan, un projet ? Profitez de l'occasion pour lui expliquer dans quoi il s'engage en quittant les études ; parlez-lui des inconvénients, des perspectives d'emploi plus limitées et du niveau de vie auquel il aspire. Demandez-lui ce qu'il voudrait faire, ce qu'il voudrait accomplir ou avoir comme train de vie dans 10, 15, 20 ans... Aimerait-il pratiquer certains métiers ?

Avant qu'il n'abandonne définitivement l'école, envisagez avec lui d'autres options dont :

* les classes-ressources (qui comportent un nombre limité d'étudiants) ;
* les formations en alternance études-travail ;
* les cours professionnels menant au DEP (diplôme d'études professionnelles), accessibles après la 3e secondaire ;
* l'école des adultes pour terminer son secondaire par modules.

L'aide d'un conseiller en orientation peut s'avérer fort utile dans cette démarche, afin de s'assurer que notre jeune connaît bien les options offertes et prend conscience de ce qui l'attend.

Malgré tout, il y a des moments où rien ne vaut mieux que de faire ses propres expériences. Certains jeunes, après un an de petits boulots de toutes sortes, finissent par avoir une idée plus précise de ce qu'ils voudraient faire dans la vie. Ils retrouvent ainsi la motivation de retourner sur les bancs d'école, après avoir eu la chance de prendre un recul leur permettant enfin de mettre un peu d'ordre dans cette tête en plein bouleversement. Il n'en tient qu'à nous de les soutenir du mieux que nous le pouvons dans cette démarche qui est la leur!

Les psy-trucs

1. Être à l'affût des signes de démotivation chez notre jeune et en chercher les causes possibles.

2. Ne pas hésiter à consulter lorsque les causes sont externes (intimidation, problèmes familiaux, deuil, divorce, trouble d'apprentissage...).

3. Tenter de trouver, avec notre jeune, des solutions pour augmenter sa motivation et ses chances de succès lorsque les difficultés scolaires persistent.

4. Faire appel aux ressources de l'école, au besoin (récupération, aide aux devoirs, etc.).

5. Encourager notre ado à se fixer de petits objectifs réalistes et à les augmenter graduellement.

6. Regarder les bulletins scolaires ensemble, tout en laissant notre jeune identifier lui-même les choses à améliorer.

7. Toujours encourager les *efforts*, les bonnes attitudes, les améliorations aussi minimes soient-elles, tout en misant sur ses forces, pour augmenter sa confiance en lui.

8. Éviter les menaces ou la morale : cela ne fait qu'accentuer la démotivation.

9. Discuter des raisons qui motivent notre jeune à abandonner l'école, si c'est le cas. Consulter des personnes-ressources en orientation afin qu'il puisse prendre conscience des options offertes ainsi que des conséquences de l'abandon et de tout ce qui l'attend après coup.

Nos ados et la sexualité

Les questions que tout parent se pose :

* Premier amour de mon adolescent : pourquoi est-ce si important ?
* Comment aider mon jeune à surmonter sa première peine d'amour ?
* Comment aborder la sexualité avec mon adolescent ?
* Comment parler à mon ado de son orientation sexuelle ?
* Ils veulent coucher ensemble à la maison : que dois-je faire ?
* Ma fille est enceinte : comment dois-je l'accompagner ?

En l'espace de quelques mois, vous avez l'impression que votre fille est devenue une femme. Vous la sentez amoureuse et vous constatez que vous n'occupez plus la même place qu'auparavant dans sa vie. Votre fils n'est soudainement plus un petit garçon : ses câlins se font de plus en plus rares et son regard est maintenant beaucoup plus tourné vers ses amies de l'école... L'adolescence est une période de découverte des relations amoureuses... mais aussi celle des premières expériences sexuelles. C'est une étape qui arrive plus vite qu'on ne le pensait, et certains parents se sentent désarmés par les nouvelles situations qu'elle entraîne. Parler de sexualité avec ses enfants, plus facile à dire qu'à faire !

Premier amour de mon adolescent : pourquoi est-ce si important ?

À la puberté, notre enfant (qui n'en est plus un !) entre dans une nouvelle phase de sa vie dans laquelle la sexualité prend une place de plus en plus grande. Alors que l'importance du sexe opposé se limitait à l'amitié il y a quelque temps à peine, elle devient progressivement plus marquée. Cette « nouvelle » attirance pour l'autre peut évidemment être déstabilisante, surtout au début. D'ailleurs, le premier ado du groupe qui commence à fréquenter une fille fait parfois l'objet de taquineries ; il peut même se sentir un peu à part de ses amis, qui ne sont peut-être pas encore rendus là.

C'est à l'adolescence que les jeunes commencent vraiment à ressentir le besoin de se rapprocher de l'autre sexe, de s'engager envers une personne autre que ses proches. C'est donc une période de transition qui fait place aux *premières amours* de nos adolescents, des amours qui, même si elles peuvent sembler anodines à nos yeux, prendront une grande importance dans leur vie. Les premiers soubresauts amoureux n'ont-ils pas marqué la vie et les souvenirs de plusieurs d'entre nous ? C'est donc un passage primordial pour l'adolescent qui, par son premier amour, sort de l'enfance pour s'attacher à une personne hors de la cellule familiale.

Cette étape peut évidemment susciter des craintes chez les parents (surtout si c'est de leur fille qu'il s'agit), parce que l'on sait que l'adolescence est l'âge de la passion, l'âge où l'on est à la recherche d'émotions fortes et intenses. Par souci de protection, nous avons donc tendance à freiner le désir de nos adolescents de vivre à fond cette phase. Nous sommes réticents, par crainte que notre jeune se lie à un partenaire jugé inadéquat, par crainte des relations sexuelles peut-être trop hâtives et des conséquences qui peuvent en résulter, par crainte des déceptions ou des conséquences de la première peine d'amour.

Un amour trop fusionnel!

Nous sommes parfois inquiets lorsque la relation amoureuse de nos adolescents est très fusionnelle. C'est une caractéristique de bien des relations d'adolescents, qui voient l'autre comme un double d'eux-mêmes ou comme une réponse à ce qui leur manque. Mais il ne faudrait pas que cette fusion s'éternise et que notre couple d'ados finisse par se refermer sur lui-même en se coupant du monde entier!

Nous pouvons faire comprendre à notre jeune qu'il a une valeur propre, que même lorsqu'on a un amoureux, on continue à exister en tant que personne. Aimer quelqu'un ne veut pas dire adapter (voire changer) tous nos comportements, toutes nos opinions et nos valeurs en fonction de l'autre. Ce n'est pas non plus penser à l'autre à chaque seconde et s'empêcher de faire ce que nous aimons normalement (sport, théâtre, repas en famille…).

La jalousie des parents

Les premières amours des adolescents engendrent souvent un sentiment (généralement inconscient) de *jalousie* chez les parents, une jalousie envers cet «intrus» qui vient leur prendre leur enfant. Pour la première fois, ils voient leur jeune détourner son amour ou son attachement (qu'ils considéraient comme leur étant réservé) pour l'orienter vers une autre personne. Plusieurs réalisent soudainement que leur ado peut vivre des moments extraordinaires et combler ses besoins sans eux. Ils prennent conscience qu'il a atteint une autre étape de sa vie, qu'il se détache d'eux, une réalité qui n'est pas toujours facile à accepter pour des parents.

Assurément, les premières amours de nos adolescents nous obligent à nous ajuster. Nous devons faire preuve de plus d'ouverture et d'écoute qu'avant. Voici quelques conseils à ce propos:

✳ **Accepter de ne pas être au courant de tout.** Votre adolescent a une vie personnelle, une intimité qu'il vous faut respecter. D'ailleurs, ne soyez pas étonné de voir qu'il se confie plutôt à ses amis (qui peuvent vivre la même chose et le comprendre un peu mieux). Si votre jeune est très discret et ne veut pas vous parler de sa relation, c'est qu'il préfère, pour le moment, préserver son intimité. C'est parfois frustrant mais, s'il se sent respecté, si vous lui dites simplement que vous serez toujours là s'il veut parler, se confier, il se peut qu'il vous ouvre progressivement la porte de son intimité, surtout le jour où il en aura vraiment besoin.

✳ **Demeurer respectueux.** Faites preuve de respect envers votre jeune et ne banalisez pas cette première expérience. Des propos comme « Ce n'est qu'une petite amourette d'adolescents » ou « Tu vas voir, ça ne va pas durer » ne font que le blesser et l'inciteront à s'éloigner de vous. Évitez à tout prix de vous moquer de votre ado, de le ridiculiser ou de le juger, sinon il cessera de se confier.

✳ **Être heureux pour notre adolescent.** Le premier amour est une étape importante dans le développement de nos jeunes et de leur estime de soi. Réjouissons-nous donc quand nos enfants ont la chance de vivre cela pleinement !

✳ **Éviter les taquineries.** Respectez la relation amoureuse de votre ado en vous abstenant de toute taquinerie ou de lui poser des questions intimidantes telles que : « Est-ce qu'il embrasse bien ? ! » Assurez-vous aussi que tous les membres de la famille suivent cette consigne ; les frères et sœurs prennent souvent un malin plaisir à asticoter l'ado amoureux. *Il faut garder une très bonne communication* avec nos adolescents, et les taquineries ne feront que nuire à cette communication.

✳ **Respecter leur intimité... bien encadrée !** Soyez présent sans être trop intrusif. C'est parfois ce qui est le plus difficile à faire : connaître les limites de l'intimité de nos jeunes amoureux. Il faut savoir établir et communiquer clairement les limites à notre adolescent (par exemple, interdiction de s'enfermer seuls dans la chambre, porte fermée). Ces balises seront adaptées *à l'âge et à la durée de la relation* et pourront donc changer au fur et à mesure que celle-ci évolue. Il faudra évidemment respecter l'intimité du jeune couple si celle-ci est conforme aux règles que vous avez établies ensemble.

∗ **Ne pas trop s'inquiéter du «candidat».** Il est assez rare que le jeune s'éloigne du modèle qu'il a reçu de ses parents. Mais si c'est le cas, vous pouvez tenter de lui expliquer votre inquiétude *en évitant d'être catégorique,* sans quoi votre adolescent risque de vivre quand même sa relation tout en s'éloignant de vous. On peut se consoler en se disant que les premières relations sont souvent éphémères !

∗ **Être à l'écoute de notre enfant et l'informer.** Montrez à votre jeune que vous êtes attentif à ce qu'il vit et profitez de ses interrogations pour discuter ouvertement des relations amoureuses et de sexualité. Toutefois, n'insistez pas trop et évitez les grandes discussions formelles ainsi que les longs discours. Il s'agit de répondre à sa demande, mais toujours avec une grande pudeur.

∗ **Partager nos expériences entre parents.** N'hésitez pas à parler de ce sujet avec des parents qui ont vécu cette situation. Ils pourront vous donner des pistes de réflexion et de solution ou même vous amener à ajuster votre façon de voir les choses.

Notre rôle parental consiste à encadrer nos jeunes et à les soutenir dans leur découverte de l'amour. Le plus important pour l'ado, c'est de respecter son rythme dans cette relation, de se respecter lui-même. Protéger nos adolescents tout en respectant leur intimité, voilà notre plus grand défi !

Comment aider mon jeune à surmonter sa première peine d'amour ?

Bien que les premières amours puissent être vécues dans une intense euphorie, elles peuvent également devenir une source de grande tristesse en cas de rupture. Certains jeunes ne mangent plus, se coupent de leurs amis, se désintéressent de l'école, s'enferment des soirées complètes dans leur chambre... La peine d'amour est même l'une des principales causes de dépression à l'adolescence; malheureusement, bien des parents ont tendance à la banaliser.

Ces comportements de détresse se manifestent différemment selon le sexe : les filles semblent intérioriser davantage leur chagrin et somatisent par des maux de ventre, des maux de tête, tandis que les garçons ont tendance à dissimuler leur douleur sous des airs indifférents ou deviennent plus agressifs.

Peu importe la façon d'exprimer notre chagrin, une déception amoureuse est toujours difficile à vivre parce qu'elle nous remet en question. Pendant une phase aussi mouvementée que l'adolescence (durant laquelle on manque parfois de confiance en soi, on s'interroge, on construit son estime de soi et son identité), une rupture peut avoir des répercussions importantes. Elle est souvent vue comme une trahison, une indication que l'on ne possède peut-être pas ce qu'il faut pour être aimé, une remise en question de notre capacité à être aimé de nouveau. Qu'on soit une fille ou un garçon, une peine d'amour, ça fait mal. Il est important que les parents soient présents dans ces circonstances et bien à l'écoute de leur adolescent qui a le cœur brisé.

Voici quelques conseils pour assurer cette présence réconfortante :

∗ **Reconnaître sa peine.** Si votre adolescent vit une peine d'amour, il risque fort de se sentir très triste (surtout dans les premiers jours), agressif, anxieux, irritable, et de se montrer peu intéressé par quoi que ce soit. Sécurisez-le sur le fait que tous ces symptômes sont normaux lorsqu'on vit une perte. Réconfortez-le par des phrases comme : «C'est normal d'avoir mal, je te comprends» ou «Je sais à quel point c'est difficile, à quel point tu as de la peine». Un ado qui vit une rupture amoureuse a besoin d'empathie et de tendresse, pas de conseils ni de morale. Il doit vivre un deuil ; avec le temps, la souffrance deviendra moins lourde à supporter et la blessure guérira.

* **Ne pas banaliser la situation.** La dernière chose dont notre ado a envie, c'est que nous ne le prenions pas au sérieux. Ce serait une erreur de lui dire que ce n'est pas «si terrible que ça», qu'il exagère. Le rejet est très difficile à vivre, surtout à cet âge. Notre rôle consiste à être sécurisants (sans banaliser ou dramatiser la situation). Évitez donc les commentaires du genre: «Un de perdu, dix de retrouvés!», «De toute façon, je te l'avais dit que ce n'était pas une fille pour toi!», «Tant pis pour lui, il ne sait pas ce qu'il vient de perdre!». Ces phrases n'ont généralement rien de réconfortant pour notre jeune.

* **Écouter.** Nous devons être à l'écoute de notre ado afin de l'aider à traverser son chagrin d'amour. Dites à votre jeune que vous êtes là et toujours disponible s'il veut en parler. Malgré votre attention, il est possible qu'il ne veuille pas se confier à vous et qu'il se tourne plutôt vers certains amis. N'en soyez pas offusqué. C'est normal: les peines et les joies à l'adolescence se vivent beaucoup entre amis. L'important, c'est que votre jeune puisse en parler à quelqu'un. Il ne doit pas rester seul avec ce qu'il ressent.

* **Lui changer les idées.** Pour chasser un peu sa peine, encouragez-le à poursuivre les activités quotidiennes qui lui plaisent normalement. Il doit éviter de tout couper, incluant les liens avec l'extérieur (amis). Souvent, la peur de croiser son ex peut empêcher un adolescent de sortir et de vaquer à ses occupations habituelles. Soyez aussi plus attentif à ses besoins et donnez-lui des marques d'attention spéciales qui lui mettront du baume au cœur: cuisinez son plat préféré, amenez-le au cinéma ou au restaurant, etc.

* **Ne pas le pousser vers un autre amour.** «Tu devrais entrer en contact avec la petite voisine, elle te trouvait bien de son goût, je pense...» «Un de mes collègues a un beau gars de ton âge, je suis sûre qu'il pourrait t'intéresser!» Les parents font parfois l'erreur d'inciter leur adolescent éploré à s'engager rapidement dans une autre relation amoureuse, voulant ainsi les sortir au plus vite de

cette situation souffrante. N'aimant pas voir leur enfant souffrir, ils cherchent un remède rapide. La peine d'amour est une expérience qui fait partie de la vie, alors n'ayez crainte, votre jeune retombera amoureux... quand il sera prêt!

✳ **Surveiller les signes de dépression.** Normalement, un jeune vit sa peine d'amour intensément pendant plusieurs jours (voire quelques semaines), puis il reprend peu à peu ses activités habituelles. Cependant, si vous ne constatez aucune amélioration, si les symptômes liés au chagrin d'amour (tels que l'isolement, la perte d'appétit, le mal-être...) persistent au-delà de trois ou quatre semaines, envisagez le recours à une aide professionnelle. Il s'agit peut-être des premiers signes d'une dépression.

Accompagnons notre adolescent dans ce processus en faisant preuve de compréhension, d'écoute, en partageant avec lui notre propre expérience et en respectant son rythme de guérison. Après tout, cela fait partie de ses apprentissages de la vie!

Papillonner, c'est de leur âge!

Ce n'est pas coutume de voir des gens se marier, avoir des enfants et faire leur vie avec leur *premier* amour d'adolescents. Les adolescents ont habituellement plutôt tendance à expérimenter plusieurs relations amoureuses, d'une durée moyenne de quelques mois seulement chacune. Ces «petites histoires» deviennent en quelque sorte des «essais de relations amoureuses».

Cette situation est tout à fait normale et s'avère même bénéfique pour la construction de leur identité, pour les aider à développer leurs goûts, leurs désirs et à mieux cerner ce qu'ils veulent et voudront plus tard. Chacune de ces courtes relations peut être vue comme un gain d'expérience qui leur permet de grandir et de prendre confiance en eux.

Comment aborder la sexualité avec mon adolescent?

Le mot « puberté » vient du latin *pubere*, qui signifie « se couvrir de poils ». C'est une transition progressive de l'enfance vers le monde des adultes, qui débute à la préadolescence et atteint son apogée à l'adolescence. La puberté s'amorce lorsque les glandes sexuelles (ovaires ou testicules) commencent à libérer des hormones sexuelles. Qui dit puberté dit sexualité, et celle-ci prendra évidemment une place de plus en plus importante dans la vie de notre adolescent, une étape qui suscitera de nombreuses questions.

L'éducation « sentimentale » et sexuelle de nos enfants ne commence pas à l'adolescence. Elle ne se fait pas subitement, à un âge donné et avec un contenu précis, comme on donnerait un cours de sciences ou de conduite automobile. C'est un apprentissage qui devrait normalement se faire graduellement, depuis la tendre enfance même (avec les petites questions embêtantes de nos enfants sur les parties génitales, sur la façon de faire des bébés...).

En évitant d'en faire un tabou, en acceptant d'en parler à table lorsque le sujet est abordé, en étant ouverts aux discussions, en intervenant dans la façon d'agir de notre jeune ou dans la manière dont il considère les filles et les garçons, nous avons probablement réussi à faire passer toute une série de choses. Cet apprentissage progressif devrait permettre à nos ados de mieux comprendre les attentes réciproques dans une relation normale et l'importance du rapport amoureux ; ce rapport ne doit pas être fondé seulement sur l'attirance sexuelle, mais aussi sur le respect, la confiance, la complicité, tout en mettant l'accent sur les gestes de tendresse et d'attention.

Malgré cette bonne éducation, l'adolescence apporte son lot d'éléments nouveaux (premières règles, premières relations sexuelles, contraception...) qui peuvent susciter de nouvelles inquiétudes ou interrogations et auxquelles nous pouvons apporter des réponses supplémentaires. Si nous sommes généralement tous d'accord sur l'importance de l'éducation sexuelle, nous ne sommes pas tous à l'aise d'aborder certains de ces sujets avec notre adolescent. Pas facile de traiter de ces questions sans brusquerie, tout en respectant leur intimité! Voici quelques conseils pour vous y aider:

* **Ne pas être intrusif.** Certains croient que nous ne devons intervenir que si notre adolescent le demande et que le mieux qu'aient à faire les parents, c'est de rester à l'écoute au cas où il aurait envie de parler. Cette approche peut convenir à certains ados, mais encore faut-il qu'ils aient la confiance nécessaire pour venir à nous! Une chose est sûre: pour ouvrir le dialogue avec notre jeune, ce dernier doit sentir que nous respectons son jardin secret et que nous ne tenterons pas, à chaque occasion, de nous immiscer dans sa vie privée. La construction de l'intimité de notre ado est essentielle et nous devons la respecter afin d'établir et de maintenir notre lien de confiance.

* **Répondre aux questions.** Si votre ado vous pose des questions, c'est bon signe. Le lien de confiance est instauré. Faites alors preuve d'ouverture et tentez de lui répondre sans le juger, parce qu'il a peut-être besoin de vous pour se faire rassurer. Évitez également d'y aller par quatre chemins, il n'est plus un enfant!

* **À petites doses...** Évitez de faire l'éducation sexuelle de votre adolescent en lui donnant un rendez-vous «officiel» ou en planifiant de longs discours. Cela devrait idéalement se faire progressivement, quand le moment est propice ou que votre jeune vous pose des questions. Dès que vous sentez qu'il y a un malaise (indiquant peut-être que vous allez maintenant trop loin et que vous entrez un peu trop dans son intimité), faites une pause et dites-lui qu'il sera toujours le bienvenu s'il veut en reparler...

* **Ne pas jouer au parent-copain.** N'agissez pas comme un parent-copain en discutant avec votre jeune comme si vous aviez son âge et que vous pouviez tout vous dire. *Les adolescents détestent nous entendre parler de nos propres expériences intimes;* cela les

met très mal à l'aise et brise en quelque sorte le lien parent-enfant. Il faut respecter l'intimité de notre jeune et savoir faire preuve de retenue.

✳ **Se montrer ouvert.** Pour que votre jeune ait le goût de vous consulter, il faut d'abord qu'il sente que vous êtes ouvert et que vous pouvez l'écouter. Des parents trop autoritaires ou contrôlants risquent d'induire des craintes chez leur ado, qui aura peur de leur réaction.

✳ **Utiliser les livres.** Les livres représentent une autre façon de communiquer de l'information à nos ados. Ils peuvent compenser notre difficulté à aborder certains aspects de la sexualité ou à trouver les bons mots pour expliquer ces réalités. Ils peuvent aussi constituer un bon moyen d'entamer un dialogue ou de susciter des discussions avec les parents. Ce sont généralement des ouvrages pédagogiques très bien adaptés, avec des exemples ou des faits qui collent aux préoccupations des ados.

La première relation sexuelle

Pour beaucoup d'adolescents, découvrir la sexualité, c'est aussi vivre une première relation sexuelle, une expérience qui entraîne son lot de questions et de craintes. Ces craintes sont aussi vécues par les parents. Sachant que cette «première fois» restera gravée dans leur mémoire, nous aimerions que tout se passe bien.

Les filles sont généralement plus préoccupées par les premières relations sexuelles. Est-ce que ça fait mal? Dois-je prendre de l'alcool pour me détendre? Est-ce que je peux tomber enceinte? Comment dois-je m'y prendre? Les filles sentent également plus de pression à passer à l'acte que les garçons.

Si votre ado vous parle de ses réticences, de son hésitation à avoir sa première relation sexuelle, il serait bon de l'amener à faire une réflexion. Est-il prêt ou veut-il tout simplement faire plaisir? Est-ce qu'il trouve que cette personne est la bonne? Se sent-il suffisamment bien avec cette personne pour se laisser aller avec elle dans cette nouvelle expérience ? Il faut lui faire comprendre que ce n'est surtout pas une compétition et qu'il ne faut pas succomber à une quelconque pression de notre partenaire ou des amis, et ce, même s'il est le seul de sa bande d'amis à ne pas l'avoir fait ! Il doit se sentir prêt à vivre une telle expérience. Une relation sexuelle est l'aboutissement de jeux, de paroles douces, de caresses, de baisers, de confidences, de tendresse, de désir, de sensualité, de complicité, et non un acte accompli simplement à la demande du partenaire ou pour faire comme les autres.

Pour une bonne majorité de nos jeunes couples, cette première fois risque d'être un peu décevante. Pour mieux les y préparer et éviter que la déception soit trop grande, on peut leur faire prendre conscience que faire l'amour est un *apprentissage*. Il est important que les garçons sachent que l'éjaculation précoce est fréquente au cours des premières relations ; et les filles, qu'il est possible qu'elles n'aient pas d'orgasme, qu'elles ressentent de légères douleurs ou même qu'elles aient des saignements lors de la pénétration. En vous assurant que votre adolescent est conscient de ces choses, vous minimisez ses craintes et vous le rassurez en cas de petit problème !

Parler de contraception et d'ITS

Nous hésitons parfois à parler de contraception (condom) à nos ados, de peur que cela ne les incite à avoir des relations plus rapidement. « Si je lui en parle, ne va-t-il pas prendre cela comme un accord implicite ? Mais si je ne lui en parle pas, ne va-t-il pas prendre des risques ? » Pour nous, parents, nos jeunes sont toujours trop jeunes pour avoir des relations sexuelles ! Mais reconnaître que nos enfants grandissent et les préparer adéquatement à toutes les éventualités, c'est démontrer un grand sens des responsabilités. L'important est de s'assurer que, s'ils décident d'avoir des relations sexuelles, ils soient conscients des risques et des conséquences possibles quand on n'utilise pas de protection.

Leur parler de contraceptifs, c'est peut-être leur avouer que nous sommes conscients qu'ils ont l'âge d'avoir des relations amoureuses et sexuelles (donc, qu'on ne joue pas à l'autruche), mais c'est avant tout les responsabiliser et leur parler par le même fait des risques d'infections transmissibles sexuellement (ITS) telles que le VIH, le sida, la syphilis, la gonorrhée, l'hépatite C, l'herpès... N'hésitez pas à leur passer le message (on ne le dira jamais assez) : le préservatif (condom) est le seul moyen de se protéger efficacement contre ces infections.

La pilule contraceptive, oui ou non ?
Comment devons-nous réagir lorsque notre fille émet le désir de prendre la pilule contraceptive ? Voilà une question qui embête bien des parents. Il faut d'abord réaliser que si notre adolescente fait cette demande, c'est qu'elle se sent prête à avoir des relations sexuelles (ou à en avoir sur une base plus régulière !). Elle est prête à passer à l'acte, à franchir cette étape, que nous le voulions ou non. Ce n'est donc pas simplement une demande de pilule, puisqu'elle est en train de nous dire tout autre chose : elle nous affirme qu'elle n'est plus une petite fille, qu'elle est une adolescente, qu'elle a une sexualité et qu'elle veut la vivre ! Ouf !

Cette demande constitue donc une occasion d'avoir une bonne discussion avec notre fille. Une discussion dans le calme, le respect et dont le but ne sera pas d'essayer de l'empêcher d'aller de l'avant ni de la convaincre que ce n'est pas une bonne idée, mais bien *de comprendre ses intentions, de connaître ce qui la motive et de s'assurer qu'elle le fait pour les bonnes raisons.* Est-elle vraiment prête à passer à l'acte ou succombe-t-elle à la pression d'un ami de cœur ou des copains ?

N'oubliez pas que votre adolescente a toujours besoin de votre encadrement et d'entendre quels sont les repères et les valeurs de ses parents. Si vous réalisez que ses intentions sont valables, il est peut-être sage de l'accompagner et de la guider dans cette démarche. On sait que les grossesses non désirées et les avortements restent beaucoup trop fréquents chez les jeunes femmes. Une contraception efficace permet d'éviter l'avortement, qui est toujours une intervention traumatisante (sur les plans physique et psychologique) et peut avoir des effets très néfastes, notamment sur la fertilité.

Du porno à la réalité...

Les adolescents sont de plus en plus en contact avec la pornographie : ils y ont accès sur leur ordinateur, leur tablette numérique ou leur téléphone intelligent ! Chaque ado y sera confronté un jour ou l'autre. C'est malheureusement un fait acquis. À défaut de pouvoir l'interdire, nous pouvons, comme parents, limiter ses effets en contrôlant un peu plus son accès (pas d'ordinateur dans la chambre, par exemple) et en informant notre jeune. Notre rôle d'informateur devient primordial.

Il n'est pas utile de culpabiliser notre adolescent si on le surprend en train de regarder de la porno ; il s'agit plutôt de préciser notre inquiétude en parlant avant tout des répercussions négatives que cela peut avoir sur sa vie affective et sexuelle. Comme elle est facilement accessible en ligne, la porno risque de devenir la « référence » en matière de sexualité pour des adolescents encore fragiles, qui n'ont pas toujours le recul nécessaire pour comprendre que la réalité est bien différente. Notre rôle consiste donc à leur faire prendre conscience que, dans la réalité, une relation sexuelle ne se passe pas ainsi.

La pornographie présente généralement des images d'une sexualité mécanisée qui n'est pas la normalité, ainsi qu'une image très dégradée de la femme. Il est important que notre ado soit capable de faire la différence entre ces images et la réalité, qu'il comprenne que, dans la sexualité, il y a aussi beaucoup de tendresse, de sensualité, d'érotisme ; que faire l'amour avec quelqu'un dépasse la sphère génitale et que les sentiments ont leur place dans la relation sexuelle.

Comment parler à mon ado de son orientation sexuelle ?

L'orientation sexuelle est une attirance pour une autre personne, soit du même sexe, soit du sexe opposé, ou encore pour des personnes des deux sexes. Elle se révèle le plus souvent à l'adolescence, parfois avant même que le jeune ait été en relation avec quelqu'un. L'orientation sexuelle n'est pas vraiment un choix, au même titre qu'on ne choisit pas d'être droitier ou gaucher. Il est important de préciser que les adolescents sont dans une phase de découverte et peuvent donc parfois expérimenter des choses avec des personnes du même sexe sans pour autant être homosexuels.

L'homosexualité d'un enfant ou d'un proche n'est pas toujours facile à assumer. Les mentalités ont évidemment beaucoup évolué, mais le chemin à parcourir vers l'acceptation de cette différence est souvent pénible et fait encore l'objet d'appréhensions, de jugements et de préjugés. Certains parents réagissent d'ailleurs très mal à l'homosexualité de leur enfant. Ils peuvent se montrer agressifs, se sentir responsables ou malheureux : « Mon enfant ne sera jamais heureux », « Qu'est-ce que j'ai fait pour mériter ça ! »...

Si votre jeune vous annonce qu'il est homosexuel, sachez que son homosexualité ne change en rien sa personnalité. Ce sera toujours votre enfant. Il se montre très courageux de vous en parler ainsi ; c'est une grande marque de respect et de confiance. Il serait donc normal que vous respectiez son choix, sa façon de vivre et le fait qu'il aspire au bonheur en étant lui-même.

De plus, l'acceptation de son homosexualité pour un jeune n'est pas toujours facile, et dépend en grande partie de l'ouverture d'esprit de l'entourage (parents, amis...). Il est donc important d'éviter les allusions ou les commentaires négatifs concernant l'homosexualité, et ce, dès le bas âge. Plus on fait preuve d'ouverture dans nos discussions familiales et nos attitudes, plus il sera facile pour notre adolescent de se confier à nous. Le dévoilement constitue un pas important pour son acceptation de lui-même. Plus la réaction de l'entourage sera positive, plus notre adolescent se sentira libéré. La peur du rejet est probablement pour lui l'élément le plus inquiétant, d'où l'importance d'être accepté tel qu'il est par tout son entourage.

Si votre adolescent a de la difficulté à comprendre ou à accepter son homosexualité, n'hésitez pas à faire appel à l'un des nombreux organismes d'entraide ou à consulter les sites Internet engagés dans la lutte aux préjugés, la promotion des différences et l'intégration de tous dans la société. Il existe également des ressources d'écoute et de dialogue pour les personnes qui ont de la difficulté à accepter l'orientation sexuelle de leurs enfants ou de leurs proches. Dans tous les cas, ces organismes permettent aux gens de partager leurs expériences et d'apprendre à mieux se connaître, pour mieux respecter leurs différences.

Ils veulent coucher ensemble à la maison : que dois-je faire ?

Pris entre la peur de perdre leur complicité et la gêne de se trouver confrontés à la sexualité de leurs adolescents, bien des parents ont du mal à se positionner clairement. En fait, dans ce domaine, il n'y a pas de réponse universelle et les avis divergent quant aux risques et aux limites de cette pratique. Cela dépend beaucoup de l'âge des jeunes et de leur maturité, de la durée de leur relation et, évidemment, de nos propres valeurs et limites.

Il peut sembler logique d'accepter la présence occasionnelle de la petite amie de notre adolescent de 18 ans qui est étudiant et qui habite toujours la maison familiale (encore faut-il que ce soit une relation qui dure depuis un certain temps, et non une amourette d'un soir !). Mais c'est autre chose quand notre jeune de 15 ans demande de dormir sous notre toit avec sa copine ! D'ailleurs, la sexualité étant un moyen de gagner de l'autonomie, plusieurs considèrent qu'elle ne devrait pas s'exprimer sous les yeux des parents.

Vous jugez que ce n'est pas une bonne idée de laisser ce jeune couple dormir dans le même lit à la maison ? Alors n'hésitez pas à imposer vos limites, tout en expliquant les raisons qui motivent votre décision. Expliquez aux ados que vous êtes chez vous et que cette situation vous met mal à l'aise. Faites-leur cependant comprendre que *ce n'est pas leur sexualité qui est condamnée*, mais le fait que celle-ci s'exprime entre vos murs. Bien sûr, cette situation risque d'être perçue comme un manque de confiance de votre part ou comme une volonté de les traiter (encore) comme des enfants ! Elle risque donc de provoquer de longues discussions et négociations sur le sujet et donnera l'impression à votre ado que vous ne le comprenez pas.

Il est pourtant raisonnable de ne pas vouloir mélanger votre intimité à celle de votre adolescent. Qui plus est, tolérer cette situation pourrait devenir très embarrassant pour vous. Un simple « bonne nuit » de la part du couple d'amoureux vous rappellera qu'ils ne vont pas se limiter à dormir, justement ! Faire l'amour est quelque chose d'intime, de secret, qui ne s'expose pas. Il faut respecter la frontière entre la sexualité des ados et celle des parents. Nous n'avons pas à être témoins ou conscients de la vie sexuelle de nos enfants au-delà des recommandations d'usage liées à la contraception, à la prévention des ITS... Et après tout, l'amour en catimini n'a-t-il pas son charme ? Ne fait-il pas partie de l'apprentissage de la vie ?

Si vous êtes ouvert à l'idée que votre adolescent vive son intimité sexuelle sous votre toit, si cela respecte vos valeurs, alors il est important de prendre cette décision basée sur :

* le type de relation (pas une aventure ou une amourette) ;
* la durée de la relation ;
* l'âge de votre adolescent.

Si vous hésitez parce que votre ado vous semble encore trop jeune ou parce que sa relation amoureuse est encore récente ou ne semble pas sérieuse, reportez la décision de le laisser avoir des relations sexuelles chez vous. Une bonne tactique consiste à laisser la porte ouverte : « C'est non pour l'instant, mais on en reparlera dans quelques mois. » Ou : « C'est un peu tôt... Après un an, j'accepterai peut-être. »

N'ayez pas peur d'imposer vos limites et de les ajuster selon l'âge ou la durée de la relation amoureuse. Souvenez-vous que les adolescents ont toujours besoin de balises, ils ne sont pas encore des adultes accomplis.

Certains parents ne s'opposent pas à la requête de leur ado, par peur du conflit, de ne plus être aimés, d'avoir l'air « vieux jeu » ou parce qu'ils préfèrent que cette intimité prenne place sous leur toit, dans un milieu sûr et « contrôlé » : « J'aime autant qu'elle fasse l'amour dans de bonnes conditions. » Dans un tel cas, ils doivent au moins s'assurer de préserver l'intimité de chacun.

Entretenir les « couples ados »

Accepter que notre adolescent dorme avec sa partenaire sous notre toit peut être vu comme une façon d'officialiser prématurément un « couple ado ». Certains jeunes amoureux souhaitent être reconnus comme « couples officiels » par la famille et l'entourage. Pour eux, faire l'amour, c'est entrer dans le monde des adultes.

Ces jeunes sont tentés d'imiter les couples d'adultes : sortir tous les deux le samedi soir, dîner ou souper ensemble, partir en week-end ou en vacances en couple exclusif... Ils se voient ainsi quitter plus rapidement la phase adolescente. Ce n'est malheureusement pas toujours sain. L'amour de nos adolescents ne doit pas tourner en vie de couple. Les adolescents à qui on a permis de vivre une relation de couple similaire à celle des adultes ou qui vivent en couple chez leurs parents découvrent plus tard qu'ils sont passés à côté de quelque chose d'important et regrettent souvent amèrement d'avoir mis trop vite fin à leur adolescence.

L'adolescence doit demeurer une période de découvertes, d'exploration, et non pas une période de stabilité.

Ma fille est enceinte : comment dois-je l'accompagner ?

Quand notre fille de 16 ans nous apprend qu'elle est enceinte, le choc est assurément brutal. Beaucoup de parents réagissent très fortement, ont l'impression que leur monde s'écroule, se culpabilisent, ont honte ou se demandent ce qu'ils ont bien pu faire pour « mériter ça » !

Si votre fille vous confie qu'elle est enceinte, prenez d'abord le temps d'accepter la nouvelle et prenez un peu de recul pour éviter toute réaction impulsive. Bien qu'il soit tout à fait compréhensible que vous soyez déçu ou choqué par cette révélation, évitez de projeter ces sentiments lorsque vous êtes avec votre fille. Elle est sans doute déjà stressée, effrayée, honteuse ou même déprimée, ce n'est pas le moment d'en remettre. Et surtout, ne la réprimandez pas ! Ayez une discussion franche et ouverte avec votre fille : il faut qu'elle puisse parler de sa situation avec quelqu'un en qui elle a confiance. Elle a besoin de votre sympathie et de votre amour.

Ensuite, votre fille devra statuer sur l'avenir de la grossesse. Vous pouvez, bien sûr, donner votre opinion, faire vos recommandations, mais le choix final lui revient. Ne mettez pas de pression sur ses épaules ; présentez-lui plutôt les choix qui s'offrent à elle : garder l'enfant, le confier en adoption ou interrompre sa grossesse.

Peu importe sa décision, cela entraînera des conséquences psychologiques (tristesse, déception, frustrations, etc.). N'hésitez pas à faire appel au CLSC ou à une travailleuse sociale qui sauront vous guider dans cette démarche. Faites bien le tour de la question avec votre adolescente avant qu'elle prenne définitivement sa décision. Se sent-elle capable de s'occuper d'un bébé 24 heures par jour ? Que devra-t-elle laisser tomber pour s'en occuper ? Se sent-elle à l'aise financièrement pour assumer le tout ? Son partenaire est-il prêt à l'aider, à assumer son rôle de parent ? Votre rôle consiste encore une fois à la guider vers un choix éclairé en lui fournissant toutes les informations dont elle a besoin, et non à imposer votre décision.

Si votre fille décide de garder son bébé, vous devez clarifier votre position envers elle. Beaucoup de parents d'adolescentes s'infligent la cohabitation « forcée » avec leur fille et son enfant dans le but de les aider, mais ils finissent par en souffrir. Vous avez le droit de ne pas choisir cette option. Il est possible d'envisager d'autres solutions qui permettront à votre fille d'être autonome, tout en lui procurant le maximum de soutien. C'est une décision qui permettra à chacun de trouver la place qui lui revient.

Il est important de soutenir notre adolescente même en cas d'avortement. Elle doit pouvoir trouver réconfort auprès d'une personne de confiance pour exprimer sa douleur, pour faire le deuil de son enfant. L'aide d'un professionnel peut s'avérer essentielle dans de telles circonstances.

Les psy-trucs

1. Accepter que notre adolescent s'éloigne de nous et puisse aimer une autre personne.

2. Ne pas banaliser ou se moquer des premières amours de notre ado.

3. Surtout, éviter les taquineries, car elles brisent le lien de confiance parent-ado.

4. Ne pas questionner sans relâche notre jeune, et respecter son besoin d'intimité.

5. Faire preuve de compréhension et d'écoute s'il vit une peine d'amour.

6. Se montrer ouvert à discuter de sexualité et transmettre l'information sans faire de longs discours, mais plutôt à petites doses, progressivement.

7. Offrir à notre jeune un livre sur la sexualité. C'est une bonne façon de l'informer et de susciter des discussions sans s'imposer.

8. Ne jamais lui parler de notre intimité en tant que parents. Les ados détestent!

9. Faire prendre conscience à notre ado que la porno n'est pas la référence en matière de liaisons ou de relations amoureuses.

10. Proscrire toute mauvaise blague concernant l'homosexualité.

11. Faire preuve d'ouverture envers un adolescent qui nous annonce son homosexualité. C'est une belle marque de confiance qu'il nous fait!

12. Établir nos règles de vie concernant les fréquentations amoureuses à la maison, selon l'âge des adolescents et la durée de la relation.

13. Prendre conscience qu'il est normal d'avoir certaines réticences à partager l'intimité de nos adolescents.

14. Faire preuve de compréhension et d'écoute envers notre adolescente si elle est enceinte. La guider sans lui imposer quoi que ce soit, pour qu'elle puisse faire un choix éclairé quant à l'avenir de sa grossesse et de son enfant.

Pourquoi mon ado est-il si inactif et comment le rendre responsable ?

Les questions que tout parent se pose :

* Comment rendre mon adolescent responsable et autonome ?
* À quel âge peut-il commencer à travailler l'été ?
* Comment expliquer ce besoin de rester inactif pendant des heures ?
* Est-ce normal que mon jeune se couche tard, qu'il dorme autant ou qu'il fasse de l'insomnie ?
* Mon adolescent est-il cyberdépendant ?

Comment rendre mon adolescent responsable et autonome ?

À l'adolescence, on est insouciant, centré sur soi, orienté vers le plaisir et on vit le moment présent. C'est une phase de transition vers l'âge adulte qui, au contraire, est plutôt orienté vers les responsabilités et le devoir. Nos adolescents sont en phase d'apprentissage ; bien qu'ils veuillent de plus en plus d'indépendance et d'autonomie, ils ne sont pas toujours conscients des responsabilités qui en découlent.

Rendre un adolescent responsable et autonome est probablement le plus grand défi à atteindre pour les parents. Devenir autonome, ce n'est pas seulement grandir ! C'est réussir à acquérir suffisamment de confiance en soi pour prendre des décisions, devenir indépendant peu à peu, réfléchir par soi-même et développer ses propres opinions.

La grande majorité des ados ont tendance à essayer d'en faire le moins possible. C'est à nous, parents, de ne pas leur laisser prendre cette habitude et de tenter de les motiver par des activités et des responsabilités qui peuvent les intéresser. Lorsqu'on réussit à leur trouver des occupations importantes qu'ils aiment, ils y prennent plaisir et s'en valorisent.

L'acquisition de l'autonomie se fait principalement sur deux plans : comportemental (faire des choses seul et par soi-même) et intellectuel (réfléchir, raisonner). Ce cheminement progressif amène notre adolescent à acquérir sa pleine maturité et à devenir autonome : se débrouiller seul, prendre des décisions, prendre des initiatives, accepter des responsabilités, trouver des solutions aux problèmes et faire ses propres choix.

Pour favoriser l'autonomie des jeunes, il faut d'abord leur faire confiance et souligner leurs progrès (leur démontrer le plus souvent possible que nous sommes contents ou fiers de toute attitude qu'ils affichent ou de tout geste qu'ils font dans ce sens). Ensuite, il faut leur laisser la liberté de prendre leurs propres initiatives. Nous avons parfois tendance à leur dicter quoi faire ou ne pas faire, sans leur laisser la chance de faire leurs propres choix et d'en assumer les conséquences si ces choix ne sont pas les bons.

Il est également important de ne pas brimer leur créativité et leur recherche d'idées. Il faut croire en leurs projets, les encourager et les aider dans leur démarche. Même les mauvais coups doivent être perçus comme un gain d'expérience.

Voici quelques attitudes qui peuvent nuire à l'épanouissement de leur autonomie :

* Surprotéger notre adolescent.
* Lui demander de tout nous raconter (sa vie scolaire, ses amitiés, son horaire au détail près...).
* Se mêler de ses relations sociales, l'épier lors de conversations avec ses amis.
* Toujours réagir ou le critiquer quand il exécute une tâche en utilisant une méthode différente de la nôtre.
* Vouloir régler ses conflits personnels à sa place.
* Ne jamais le remettre en question.

Afin de solliciter sa capacité à prendre des responsabilités, il est nécessaire de confier à notre ado des tâches spécifiques qu'il devra accomplir régulièrement (de préférence, choisir des tâches qui l'intéresseront ou, au pire, qui ne le rebuteront pas trop!). La façon dont on assigne ces tâches est très importante : mieux vaut lui confier une responsabilité valorisante sur une longue période, que de lui répéter tous les jours ou toutes les semaines de faire cette même tâche ; ainsi, il aura la responsabilité d'y penser lui-même et la possibilité de la faire au moment qu'il jugera opportun.

Si votre adolescent refuse de prendre des responsabilités ou persiste à ne pas collaborer, n'abandonnez pas la partie sous prétexte que vous désirez éviter la confrontation. Indiquez-lui clairement quelles sont vos attentes, vos limites et les conséquences qui s'ensuivront s'il ne les respecte pas (voir le chapitre « L'autorité et les règles : nos ados en ont-ils encore besoin ? », à la page 79).

À quel âge peut-il commencer à travailler l'été ?

Entre 12 et 15 ans surtout, nos jeunes se retrouvent pris entre deux feux : trop jeunes pour occuper un emploi d'été sérieux et trop vieux pour participer aux activités offertes (camp de vacances, camp de jour). Résultat : ils traînent dans la maison à ne pas savoir quoi faire de leur peau durant les grandes vacances ! Malgré tout, il demeure possible de les aider à organiser leur été, de les occuper partiellement avec de petits emplois ou des tâches rémunérées ou de leur assigner des responsabilités qui seront valorisantes pour eux.

En moyenne, à partir de 16 ans environ, nos jeunes peuvent se trouver un emploi d'été qui les aidera à développer leur sens des responsabilités et leur autonomie. Cet emploi leur permettra aussi de toucher un revenu et de prendre conscience de la valeur de l'argent, tout en leur donnant une certaine expérience du monde du travail.

Un travail d'été permet donc aux adolescents d'avoir un bref aperçu de la vie d'adulte et, pour certains, de prendre conscience de l'importance de poursuivre leurs études : emballer des emplettes à répétition ou être plongeur dans un restaurant pourrait en effet les ennuyer à la longue et les motiver à s'orienter vers des études plus avancées !

Votre ado refuse de travailler ?

Si votre ado refuse de travailler, mieux vaut ne pas trop mettre de pression sur son dos. Certains jeunes ne se sentent pas suffisamment en confiance pour assumer un travail.

Pour bâtir sa confiance en lui, allez-y graduellement en lui confiant des responsabilités ou des tâches régulières. Le premier emploi d'été est un moment particulier pour un adolescent et peut être une source de grand stress. Votre jeune appréciera très certainement votre soutien dans cette étape importante de sa vie vers le monde des adultes.

Un emploi pendant les études ?

Certains parents s'inquiètent de voir leur ado travailler pendant leurs études ; ils craignent que cela n'ait des effets négatifs sur son rendement scolaire, sans compter la fatigue qui pourrait s'accumuler. Des recherches indiquent toutefois qu'un emploi de moins de 15 heures par semaine a un impact faible sur la réussite scolaire et peut même se révéler formateur. En effet, ce travail favorise l'autonomie de notre jeune et constitue généralement une expérience de vie supplémentaire non négligeable. L'adolescent y développe certaines habiletés et apprend les valeurs liées à l'emploi (courtoisie, ponctualité, fiabilité, initiative...). De plus, un emploi qui s'ajoute à son horaire le forcera à mieux gérer son temps, à mieux planifier ses journées et à s'organiser plus efficacement.

En revanche, ces mêmes études indiquent qu'au-delà de 15 heures par semaine, un emploi peut avoir des répercussions négatives : diminution des heures de sommeil, réduction du temps alloué à l'exercice physique, augmentation de la consommation de tabac et d'alcool et baisse du rendement scolaire. Tout est donc une question de dosage !

Comment expliquer ce besoin de rester inactif pendant des heures?

Vautré sur le canapé du salon, le regard rivé sur la télé, votre ado lève à peine les yeux ou vous répond minimalement lorsque vous lui demandez de faire une tâche à la maison? «Ouais! Ouais! Ça sera pas long!», «Pas maintenant, je suis fatigué, je me repose!» répond-il laconiquement. Voilà une attitude qui exaspère bien des parents, dépassés par ce manque de volonté ou cette paresse chronique.

Certains parents se demandent s'ils doivent tolérer ce genre de comportements. En fait, nous nous devons de les tolérer jusqu'à un certain point ou dans la mesure où ils sont *occasionnels*, sans accepter les excès. Ce qui est inquiétant et exaspérant pour les parents, c'est lorsque cette attitude est omniprésente, ce qui est parfois le cas chez les adolescents de 14 à 16 ans qui ne savent pas trop quoi faire de leur journée, qui ignorent comment s'occuper. Les jeux de leur enfance ne les intéressent plus et ils ne se sont pas encore trouvé de nouvelles activités ou de nouveaux champs d'intérêt. Plusieurs s'enferment dans leur chambre pour écouter de la musique, passent de longues heures à zapper devant la télé, à jouer à l'ordi ou dorment à toute heure de la journée. Cette situation, si elle est maintenue, risque de créer, chez les parents, une forme d'hostilité envers leurs jeunes et de détériorer la relation parent-ado.

La meilleure façon de réagir est d'intervenir avant que cela ne devienne coutume : accepter ce comportement à l'occasion (ce qui leur démontre que nous faisons preuve de compréhension), mais établir certaines règles ou un horaire et intervenir dès que cela devient récurrent, sans quoi la frustration et l'hostilité risquent de s'aggraver.

Simple paresse ou besoin normal à l'adolescence?

Les adolescents ont parfois besoin de se retrouver seuls (c'est-à-dire sans les parents), de «décrocher» de ce qui les entoure en passant, par exemple, de longues heures à ne rien faire. Ils ont besoin de ces moments d'inactivité pour rêvasser, réfléchir, se ressourcer afin de mieux se connaître et de maîtriser leur vie. De plus, les bouleversements hormonaux, physiques et psychologiques engendrés par la puberté sont des sources de fatigue réelle et reconnue. On ne grandit pas de 10 centimètres en quelques mois sans drainer son énergie!

Besoin de décrocher du rythme de vie parental!
Les adolescents « paressent » parfois par simple provocation ou pour décrocher du rythme de vie hyperactif et effréné des parents (boulot, courses, ménage, travaux...). Ce rythme leur semble bien souvent dérisoire, puisqu'ils ont une vision du temps différente de celle des adultes : moins il nous reste de temps à vivre, plus nous voulons en profiter. Or les ados ne sont pas pressés, ils ont la vie devant eux!

L'adolescence marquant le désir de se différencier des parents, nos jeunes veulent ainsi défier nos attentes ou nos demandes en faisant preuve de nonchalance ou en ralentissant volontairement le rythme : ils traînent au lit, se dérobent dès que nous avons besoin d'aide, passent des heures devant la télé ou les jeux vidéo, etc. C'est cette capacité de se détacher du rythme de vie et des contraintes qui nous exaspère tant comme parents, une capacité qui nous rend peut-être jaloux de ne pas pouvoir faire la même chose, nous aussi, pour nous amuser et nous détendre de temps à autre!

Il faut donc laisser aux adolescents la liberté d'être dans leur bulle, de décrocher, tout en évitant les excès et, surtout, tout en veillant à ce que cette « paresse » ou ce désintérêt ne soit pas généralisé. Il faut aussi s'assurer que ce comportement n'est pas accompagné d'autres signes d'un mal-être plus profond pouvant indiquer un début de déprime (voir le chapitre « Mon ado a les blues! » à la page 63).

Est-ce normal que mon jeune se couche tard, qu'il dorme autant ou qu'il fasse de l'insomnie?

Plusieurs adolescents ont de la difficulté à respecter un horaire de sommeil régulier. Ils peinent à se lever le matin, semblent passifs et fatigués, somnolent parfois durant la journée, se couchent tard le soir et souffrent d'insomnie à l'occasion. Bref, ils semblent toujours fatigués !

Qui plus est, nos adolescents surestiment bien souvent leur capacité à récupérer et croient, à tort, qu'ils ont besoin de moins de sommeil que les plus jeunes. En fait, c'est plutôt le contraire : ils ont plus que jamais besoin de sommeil pour s'adapter aux multiples changements corporels et psychologiques de la puberté. Il leur est d'ailleurs recommandé de dormir, tout comme les adultes, neuf heures par nuit. Malheureusement, nous sommes loin du compte ! Le manque de sommeil des adolescents non seulement affecte leur capacité de fonctionner normalement au quotidien, mais il serait également à l'origine d'une partie de leur irritabilité et de leurs troubles psychologiques.

Les adolescents ont souvent des coups de fatigue passagers attribuables à une poussée de croissance ou à une dépense énergétique plus importante que d'habitude. Il faut donc être tolérant envers ces épisodes de passivité ou ce très grand besoin de sommeil et ne pas exiger que notre jeune se lève tôt les fins de semaine ou les journées de congé. Ces grasses matinées lui permettront de récupérer le manque de sommeil accumulé durant la semaine.

Il est également recommandé de sensibiliser notre adolescent à ce besoin de dormir suffisamment pour favoriser sa croissance, de l'encourager à adopter un horaire de sommeil régulier et à faire de l'activité physique. Informez-le que les jeux vidéo et la télévision sont des stimulants, donc à éviter avant de se coucher. Évidemment, il vous répondra qu'il ne se sent pas du tout stimulé ou « excité » quand il joue à certains jeux ou regarde passivement la télé ! Mais expliquez-lui que, malgré cette impression de « détente », en réalité, ces activités stimulent le cerveau sans qu'il s'en rende compte, sans qu'il en ressente les effets. Il en va de même pour l'étude le soir : elle stimule le cerveau tout autant et le fait travailler encore plus fort pendant la nuit. Étudier tard le soir avant un examen ne constitue donc pas une bonne solution, puisque cela diminue les heures de sommeil ainsi que la qualité des quelques heures qui restent !

Le dérèglement hormonal en cause ?

Malgré des heures de sommeil raisonnables, bien des adolescents ressentent profondément un manque d'énergie ou une fatigue qui les affecte au quotidien et qui nous donne l'impression, à nous, parents, qu'ils sont passifs, inactifs, voire paresseux ! La principale raison de cette fatigue est évidemment biologique : les jeunes traversent une période de bouleversement hormonal sans précédent qui dérègle leur rythme biologique. La stimulation des hormones de croissance et le dérèglement de la production de la mélatonine (l'hormone du sommeil) modifient leur rythme circadien (cycle veille/sommeil).

Plusieurs études démontrent le lien entre ce dérèglement hormonal et le fait qu'il soit difficile pour un adolescent de trouver le sommeil avant 23 heures (puisque la sécrétion de la mélatonine n'atteint son seuil maximal que tard dans la soirée). Par conséquent, même si nous forçons notre ado à se coucher tôt, il risque bien de tourner dans son lit jusqu'à l'arrivée de sa phase de sommeil.

Ce phénomène naturel et normal à la puberté est appelé le « syndrome du retard de phase ». Nos ados ont donc un sommeil décalé, s'endorment entre 23 heures et 1 heure du matin et doivent quand même se lever tôt pour aller à l'école, d'où un déficit important de sommeil. Fort heureusement pour nous, à l'âge adulte, le cycle veille-sommeil se rééquilibre enfin.

De même, il est établi que le taux de cortisol (l'hormone du stress) des adolescents entre en action plus tard dans la matinée (vers 9 ou 10 heures du matin), ce qui peut expliquer leur difficulté à s'activer tôt le matin et cette impression de toujours se « traîner les pieds » ! Certaines écoles américaines ont tenu compte de ce fait et ont modifié l'horaire scolaire en conséquence, de façon à permettre aux adolescents d'entrer plus tard en classe, avec des résultats positifs sur le rendement scolaire et le taux d'absentéisme.

Vivant une période de leur vie particulièrement soumise aux perturbations sociales et affectives, nos adolescents peuvent aussi avoir un sommeil troublé par des facteurs externes : les conflits entre amis, le premier amour, les conflits avec les parents, la séparation de ces derniers, les études... Ces événements stressants peuvent affecter nos jeunes et créer des périodes d'insomnie épisodiques et temporaires, le temps que les problèmes soient surmontés. Par contre, si cette fatigue ou cette insomnie deviennent chroniques ou persistent plusieurs semaines, il est important d'aller consulter avant que cela n'affecte sérieusement notre jeune et que son humeur ne tourne à la dépression.

Mon adolescent est-il cyberdépendant ?

La cyberdépendance a fait l'objet d'un chapitre très détaillé dans le tome 4 de cette série, *Les Psy-trucs pour les préados de 9 à 12 ans*. Il s'agit d'un phénomène trop courant chez les préados et adolescents, malheureusement. Cette *addiction*, souvent perçue comme une forme de paresse intellectuelle, fait référence à une *utilisation compulsive* de tout ce qui touche l'univers informatique : Internet, jeux vidéo, ordinateur, tablette numérique, téléphone multimédia.

Les cyberdépendants cherchent constamment à « se connecter » ; ils éprouvent une anxiété ou un profond malaise quand ils ne le peuvent pas, et quand ils le peuvent, ils ont une très grande difficulté à s'arrêter volontairement, au point de sacrifier certains éléments pourtant essentiels de leur quotidien : les repas, les devoirs, l'hygiène, les activités sportives qu'ils aiment. Un peu comme un toxicomane, le cyberdépendant peut ressentir un *manque* qui le désorganisera.

Les adolescents qui ont naturellement tendance à s'isoler, qui sont timides, rejetés, qui s'ennuient ou qui n'ont pas d'activités parascolaires sont évidemment plus susceptibles que les autres de devenir cyberdépendants.

Comme dans toute forme de dépendance, les effets négatifs de ce comportement incontrôlable et répétitif ne tardent pas à se manifester. L'isolement est probablement celui qui est le plus fréquent. L'adolescent s'éloigne de ses amis et de sa famille ; il néglige ses devoirs ou toute autre activité afin d'optimiser le temps consacré à sa dépendance. De plus, toute interdiction créera en lui une impression de vide importante. Puisque rien d'autre ne semble l'intéresser, il tournera en rond dans la maison et s'ennuiera. Ces comportements, accompagnés de changements dans ses habitudes de sommeil, son alimentation, son hygiène, son humeur, ou d'une chute de ses résultats scolaires, sont très révélateurs d'une dépendance.

Voici les signes qui peuvent vous mettre la puce à l'oreille. Le cyber-dépendant :

* ressent un soulagement, un plaisir et un sentiment de bien-être évident lorsqu'il est « connecté » ;
* est incapable de s'arrêter volontairement ;
* ressent continuellement le besoin d'augmenter le temps consacré à l'ordinateur (ou à tout autre appareil électronique) ;
* a tendance à couper toutes ses activités sociales et familiales pour rester devant son appareil ou ses jeux ;
* a un sentiment de vide et se sent déprimé, anxieux ou irritable lorsqu'il est privé de son appareil électronique ;
* a tendance à s'isoler, à se cacher et même à mentir pour passer plus de temps à l'ordinateur ;
* nie ou cache son obsession à ses amis ou à sa famille ;
* est moins concentré à l'école et y réussit moins bien ;
* présente graduellement différents troubles physiques (yeux secs, fatigue, engourdissement ou douleur entre la main et l'avant-bras, douleurs dorsales ou cervicales) ;
* a une alimentation irrégulière, saute des repas ou mange à la sauvette ;
* néglige son hygiène corporelle ;
* souffre d'insomnie ou de troubles du sommeil.

Il faut être vigilant et intervenir en cas de doute. Le mieux, bien sûr, est de réagir avant que cette dépendance ne s'installe pour de bon. L'établissement de certaines règles d'utilisation et la gestion du temps passé devant ces écrans devront devenir une préoccupation constante.

Les psy-trucs

1. Prendre conscience qu'à l'adolescence, les jeunes sont insouciants, centrés sur eux-mêmes et orientés vers le moment présent. Il est donc parfois difficile de leur inculquer les notions de responsabilité et d'autonomie.

2. Favoriser l'autonomie de notre adolescent en lui témoignant de la fierté pour ce qu'il fait, en soulignant ses progrès, en lui faisant confiance dans ce qu'il entreprend et en lui donnant la liberté de prendre des initiatives (éviter la surprotection).

3. Lui assigner progressivement des tâches qu'il devra accomplir sur une base régulière (toutes les semaines, par exemple) et éviter de les lui rappeler sans cesse.

4. L'encourager à se trouver un travail d'été s'il a l'âge requis, car c'est une expérience de vie qui l'aidera dans le futur.

5. Retenir qu'il est normal pour un adolescent de ressentir occasionnellement le besoin de ne rien faire ou de dormir beaucoup : la puberté provoque bien des bouleversements épuisants !

6. Prendre conscience qu'il est normal que notre jeune s'endorme tard le soir et ait de la difficulté à être actif tôt le matin : les changements hormonaux ont décalé son rythme circadien.

7. La fin de semaine, lui permettre de récupérer le manque de sommeil accumulé pendant la semaine ; il en a besoin !

8. Contrôler le nombre d'heures d'utilisation de tout ce qui touche l'univers informatique (ordinateur, jeux vidéo, tablette numérique, etc.) afin d'éviter que notre jeune y consacre tous ses temps libres, au détriment de toute autre activité, de la famille, des amis...

9. Installer l'ordinateur dans une pièce centrale de la maison et, surtout, pas dans sa chambre (car cela favoriserait la surutilisation, l'isolement et la dépendance).

10. Surveiller si notre jeune présente des symptômes de cyberdépendance – isolement, troubles du sommeil, irritabilité ou ennui quand il ne peut jouer, baisse de rendement à l'école, entre autres – et consulter si cela est nécessaire.

Les troubles alimentaires chez nos ados

Les questions que tout parent se pose :

* **Mon adolescent se nourrit-il adéquatement ?**
* **Qu'est-ce qu'un trouble alimentaire ?**
* **Qu'est-ce que la boulimie ?**
* **Qu'est-ce que l'anorexie ?**
* **Quels sont les signes d'un trouble alimentaire ?**
* **Quels sont les traitements offerts ?**

Mathieu, qui vient d'avoir 16 ans, mange n'importe quoi, n'importe quand. Il a toujours le nez dans le frigo ou le garde-manger ! Il gobe tout avec empressement et saute parfois des repas, mais consomme ensuite quelques grignotines loin d'être bonnes pour sa santé. La belle Maude, qui a 15 ans, ne mange pratiquement plus. Elle n'apporte pas de dîner à l'école et fait de l'exercice outre mesure tout en répétant qu'elle se trouve grosse. Ces situations, fréquentes chez nos adolescents, peuvent inquiéter bien des parents.

Mon adolescent se nourrit-t-il adéquatement ?

À l'adolescence, les besoins nutritionnels de nos enfants se modifient et s'intensifient. En fait, mises à part la période fœtale et la première année de vie, c'est à l'adolescence que la croissance est la plus grande. Pas étonnant que nous ayons parfois l'impression que notre ado pousse à la vitesse de l'éclair ! Pour la majorité des adolescents, le poids doublera en 5 ans et la taille augmentera de 8 à 12 cm par année.

L'adolescence est aussi une période d'indépendance qui s'actualise dans toutes les sphères d'activité de nos jeunes, y compris leur alimentation. Ils commencent à manger plus fréquemment à l'extérieur avec leurs amis (au profit des restos *fast-food*... malheureusement !), ils critiquent les repas, les sautent carrément à l'occasion ou ingurgitent une quantité importante de friandises de toutes sortes à la collation. Bref, de quoi donner des maux de tête à bien des parents !

En général, il ne faut pas trop s'inquiéter si notre adolescent prend deux portions complètes au repas et qu'il affirme avoir encore faim à peine deux heures plus tard. On oublie souvent qu'ils ont des besoins énergétiques bien supérieurs à ceux des adultes. Ces besoins peuvent également varier énormément d'une journée à l'autre, selon la vitesse de croissance de chacun : ils peuvent dévorer tout ce qui leur tombe sous la main un jour et sauter un repas le lendemain. L'important, c'est l'équilibre ou la moyenne sur plusieurs jours, beaucoup plus que sur 24 heures.

L'aspect qui inquiète sans doute le plus les parents, et avec raison, c'est la qualité des aliments que nos jeunes absorbent. Leurs besoins nutritionnels étant très grands et variés (fer, calcium, protéines...) à leur âge, un déficit important dans ce domaine peut occasionner des problèmes sur plusieurs plans : santé physique, concentration, humeur...

Que doit manger un ado ?

Pendant sa période de grande croissance, un adolescent peut manger quatre fois par jour afin d'obtenir tous les nutriments dont il a besoin, dont :

* les vitamines, les minéraux et les fibres (produits céréaliers, fruits et légumes) ;
* les féculents, pour l'énergie des muscles et du cerveau (pain, pommes de terre, produits céréaliers) ;
* le calcium, pour la construction des os (lait, yogourt, fromage) ;
* les protéines, pour entretenir la peau, les muscles et les organes (viandes, poissons, œufs et autres substituts) ;
* le fer dont le sang a besoin (viandes, poissons, œufs...).

Si votre adolescent décide d'adopter un régime végétarien ou végétalien, assurez-vous qu'il lui procure un apport nutritionnel suffisant.

Une coupure draconienne des aliments riches en protéines et en fer, tels que les viandes, les poissons ou les œufs, peut provoquer de l'anémie, causant une fatigue soutenue, particulièrement chez les filles (les pertes sanguines dues aux règles entraînant un besoin supplémentaire en fer). Une supervision à cet égard est fortement conseillée.

Il n'est pas toujours facile d'orienter ou de superviser les choix alimentaires de son adolescent, mais il est important de tenir bon et de maintenir un minimum d'encadrement, tout comme on le fait dans les autres aspects de la vie familiale (les heures de coucher, les sorties, les règles de la maison, etc.).

Voici quelques suggestions à ce sujet :

✳ **Adapter les menus et consulter notre ado.** Il est possible que nos ados trouvent nos menus parfois monotones ou « inadaptés ». Il faut être à l'écoute de leurs désirs et savoir se remettre en question. Plus nos enfants vieillissent, plus il est pertinent de leur demander ce qu'ils aimeraient manger au cours de la semaine et tenir compte de leur opinion pour varier nos mets. Leur implication dans le choix des menus les encouragera à y prendre part.

✳ **Respecter leur appétit.** Nos adolescents ont un appétit très variable. Ils refusent de manger parce qu'ils n'ont pas faim ? Inutile de les forcer. Il faut respecter leurs signaux de faim. Bien souvent, ce n'est que passager et leur appétit revient rapidement.

✳ **Mettre l'accent sur le petit déjeuner.** C'est connu, le petit déjeuner est le repas le plus important de la journée. Malheureusement, c'est celui que négligent le plus fréquemment nos adolescents ! Pourtant, quoi de plus logique que de refaire le plein après une nuit de jeûne ! Un ado qui saute régulièrement le petit déjeuner est carencé sur les plans nutritif et calorique toute la matinée ; il risque de manquer de concentration à l'école et sera davantage tenté par les grignotines à base d'aliments sucrés et gras.

✳ **Ne pas « jouer à la police ».** Évitons de confronter continuellement nos ados au sujet de leur alimentation ou de les surveiller sans relâche. Une trop grande rigidité pourrait leur enlever tout le plaisir qu'ils devraient avoir à manger et à prendre part aux repas familiaux. Il faut plutôt les conseiller, leur faire passer nos petits messages, sans acharnement.

✳ **Rester à la table, en famille!** Si notre adolescent ingurgite son repas en moins de deux afin de retourner le plus vite possible à ses activités ludiques, la meilleure option est d'établir des règles. Par exemple, nous pouvons lui dire que même s'il termine rapidement son repas, il devra patienter à la table et nous accompagner jusqu'à la fin. Rien ne lui sert alors de se dépêcher! Cette règle magique motive notre ado à manger à un rythme plus normal, tout en favorisant les occasions d'échanges en famille. Il lui sera évidemment permis, *occasionnellement*, de se lever de table. C'est une flexibilité que nous devons quand même démontrer en tant que parents d'adolescents!

La satiété

La satiété correspond au moment où l'on n'a plus faim. C'est un signal émis par différentes sources (cerveau, estomac, intestin...) qui sécrètent la *leptine*, une hormone qui engendre un sentiment de bien-être physique et psychique lorsque nous n'avons plus faim. Il est reconnu que le temps nécessaire avant que ce message hormonal soit assez fort pour qu'on le perçoive est de 15 à 20 minutes. D'où l'importance de bien mastiquer et de manger lentement!

Mon ado ne mange plus à la table

Votre adolescent ne mange plus avec vous? C'est chacun son heure ou son repas? Voilà une bien mauvaise habitude qu'il faudrait corriger. Nous sommes tous très occupés et astreints à un horaire de travail qui ne nous permet pas toujours de préparer les repas avec soin (surtout la semaine). Pour éviter que cela ne devienne la norme, il est très utile de préparer les repas de la semaine pendant le week-end. Bien que cette façon de faire exige de la discipline de notre part, elle permet d'avoir un peu plus de répit la semaine et, surtout, d'avoir suffisamment de temps pour manger en famille avec tous les bénéfices qui s'ensuivent. En effet, les repas familiaux sont souvent plus élaborés, plus complets; ils favorisent une alimentation plus saine et une digestion plus efficace. Qui plus est, ces repas deviennent des moments d'échanges, de rencontre et de discussions, bref, de belles occasions pour nos ados de parler de ce qui les intéresse, de leurs activités, de leurs projets, de leurs frustrations aussi. Il est donc important d'essayer de préserver le rituel des repas.

Un régime amaigrissant à l'adolescence ?

Plusieurs adolescentes se préoccupent de leurs hanches qui s'arrondissent, de leurs seins qui « poussent », de leur prise de poids en général. Ces petits gains ne sont pourtant que le signe qu'elles grandissent, qu'elles se transforment pour devenir des femmes ! C'est cette perception, renforcée par certaines valeurs véhiculées dans la société (image corporelle, mannequins super minces, vedettes pop très sexy), qui les pousse parfois à suivre des régimes amaigrissants.

Si votre adolescente désire suivre un tel régime, mieux vaut le faire sous supervision puisque nos jeunes demoiselles s'imposent parfois des restrictions sans connaître leurs conséquences possibles, entre autres :

* la fatigue et l'anémie, causées par une réduction trop importante en calories et en fer ;
* le déséquilibre hormonal, engendré par une carence en glucides et en protéines pouvant provoquer des troubles du cycle menstruel (jusqu'à l'absence de règles) et un retard dans la puberté ;
* la perte de concentration ou de mémoire, due à un apport insuffisant en glucides, en graisses et en vitamines ;
* des problèmes de croissance osseuse, en raison d'un déficit en calcium et en protéines (menant à l'ostéoporose à un âge plus avancé).

Donc, si votre jeune veut suivre un régime amaigrissant, il est préférable que ce soit sous la supervision d'une nutritionniste ou d'une diététiste afin de respecter l'équilibre alimentaire requis en période de croissance.

L'alimentation de nos jeunes, c'est en grande partie notre affaire. À cet âge, ils ont encore besoin d'être encadrés, et les repas n'y font pas exception. Il s'agit donc de superviser et d'appliquer les règles minimales sans être constamment « sur leur dos ». Cette supervision nous assurera également que tout est sous contrôle et que seront détectés, s'il y a lieu, les problèmes qui pourraient être symptomatiques de certains troubles de l'alimentation, tels que la fatigue, l'anémie ou une faible concentration qui peuvent mener à long terme à des difficultés sociales et scolaires.

Qu'est-ce qu'un trouble alimentaire?

L'alimentation de nos adolescents prend souvent l'allure de vraies montagnes russes. Les excès, dans un sens ou dans l'autre, sont communs et généralement pas inquiétants, tant que cela n'affecte pas leur fonctionnement au quotidien. Cependant, certains signes, comme une fatigue persistante ou un manque de concentration, peuvent être les symptômes de troubles alimentaires.

Les troubles du comportement alimentaire sont typiquement féminins : le rapport est de 1 homme pour 10 à 15 femmes touchés par ce problème. Malheureusement, on constate qu'environ 8 % des filles entre 12 et 17 ans en souffrent. Certaines adolescentes accordent beaucoup trop d'importance à leur image et à leur poids. Mal dans leur peau, elles croient, à tort, que leur malheur vient de quelques kilos en trop (réels ou imaginaires) et se mettent à suivre des régimes alimentaires qui prennent une tournure excessive ou même dramatique.

Les troubles du comportement alimentaire peuvent revêtir plusieurs aspects. Le plus souvent, il s'agit de boulimie ou d'anorexie. La boulimie est caractérisée par l'ingestion impulsive d'énormes quantités de nourriture alors que l'anorexie, à l'inverse, pousse l'adolescent à ne plus ou presque plus s'alimenter. Dans les deux cas, ces troubles sont souvent la conséquence d'une détresse ou d'un malaise profond.

Qu'est-ce que la boulimie?

La boulimie touche principalement les adolescentes et est caractérisée par une perte de contrôle du comportement alimentaire avec une pulsion irrésistible de manger. Elle est fréquente chez les jeunes qui accordent une grande importance (souvent à l'excès) à leur régime ou à leur alimentation et qui finissent par craquer en se gavant compulsivement. Ces crises de gavage peuvent durer quelques heures pendant lesquelles l'adolescente mange n'importe quoi (souvent des aliments sucrés ou salés et bourratifs), parfois sans même mastiquer. Cette envie devient incontrôlable et la perte de contrôle est totale, mais la personne ne ressent généralement aucun plaisir à se gaver. Ces crises peuvent survenir après une privation alimentaire trop longtemps maintenue, ou même en l'absence de sensation de faim. Toute perturbation, même minime, peut servir de déclencheur à la crise: stress, période de « vide » ou d'ennui, événement émotif (contrariété, déception amoureuse, etc.).

Comme les crises de boulimie engendrent souvent un sentiment de honte, elles se passent habituellement en cachette, et le secret reste ainsi bien gardé; les parents seront alertés par des emballages ou des boîtes de nourriture vides, cachés dans la chambre de l'adolescente. Les ingestions excessives sont généralement suivies d'une purgation par vomissement ou par la prise de laxatifs, pour contrer la prise de poids ou pour soulager le malaise ressenti. Certaines personnes compensent par des exercices physiques intenses ou alternent gavages et régimes très stricts.

Une personne est considérée comme boulimique si elle a, en moyenne, deux crises par semaine pendant plusieurs mois. Il faut souligner que le poids des boulimiques peut rester stable; donc, ces derniers ne sont pas nécessairement des obèses sur le plan clinique ni en voie de le devenir. À preuve, les anorexiques peuvent avoir des épisodes de boulimie. En fait, il ne faut pas confondre boulimie et *compulsion alimentaire*. Les adolescents qui souffrent d'une telle compulsion peuvent manger de grandes quantités de nourriture également, particulièrement lorsqu'ils se sentent stressés, mais ils ne s'en débarrassent pas (pas de vomissements, de prise de laxatifs ou d'exercices excessifs). Leur poids fluctue beaucoup et plusieurs d'entre eux sont obèses.

La boulimie est souvent comparée à une dépendance, au même titre que l'alcoolisme par exemple. La personne essaie tant bien que mal de se contrôler, mais l'envie de manger s'impose et l'emporte sur le raisonnement. Ce problème peut cacher une détresse psychologique (dépression) ou mener vers celle-ci. Plusieurs boulimiques sont conscients de leur problème et acceptent d'avoir recours à de l'aide psychologique. Le pronostic de guérison est bon, mais les rechutes sont fréquentes, surtout si le problème psychologique qui est à l'origine du trouble n'est pas réglé.

Qu'est-ce que l'anorexie?

L'anorexie est un trouble alimentaire sérieux qui affecte plus particulièrement les filles âgées de 14 à 17 ans. Peu de garçons en sont atteints. La personne qui souffre d'anorexie est hantée par son obsession d'être toujours de plus en plus mince ; pour y arriver, elle se restreint à une alimentation très stricte. Cette restriction peut être constante et excessive, mais elle peut également alterner avec des crises de boulimie (suivies de vomissements ou de la prise de laxatifs).

Il faut demeurer prudent quant au diagnostic de l'anorexie. Bien des adolescentes peuvent avoir des comportements alimentaires hors normes pendant un certain temps sans pour autant être anorexiques. Certaines veulent perdre du poids pour garder la forme, pour être belles ou pour plaire à quelqu'un ; elles désirent se sentir mieux et se fixent un but précis. Les anorexiques, elles, *n'ont pas de limite* : elles veulent seulement maigrir, sans s'arrêter. Il est parfois difficile de distinguer l'adolescente « au régime » de celle qui souffre d'anorexie, si ce n'est par la perte de poids spectaculaire et exagérée chez cette dernière.

Mais l'anorexie, ce n'est pas seulement une histoire de poids, c'est une véritable maladie qui reflète un désordre psychologique profond. Les adolescentes qui en souffrent se considèrent comme trop grosses, alors qu'elles sont minces ou même maigres. Malgré les tentatives de leur entourage de les rassurer sur leur poids, rien n'y fait. Pour elles, l'ingestion de nourriture est vécue comme une agression, alors que le jeûne devient un réel plaisir. Cette perturbation de l'image corporelle engendre des problèmes sur le plan des relations amoureuses et familiales ; l'isolement des anorexiques se manifeste progressivement et leur relation avec la nourriture devient extrêmement difficile.

Pourquoi ce refus de manger ?

L'anorexie peut survenir à la suite d'un régime amaigrissant, de remarques désobligeantes, d'un deuil, d'une séparation ou de problèmes sociaux ou scolaires. D'autres facteurs, comme des relations familiales difficiles, les changements physiques dus à la puberté, le manque de repères, peuvent aussi en être responsables. L'anorexie traduit un *problème d'image de soi*.

Le culte de la minceur incite malheureusement trop souvent des jeunes filles à suivre un « régime minceur » alors que rien ne le justifie sur le plan médical. L'adolescente anorexique ressent un bien-être au fur et à mesure qu'elle maigrit. Le contrôle de son corps et de sa faim favorise chez elle un sentiment de puissance qui prend une tournure excessive : plus elle maigrit, mieux elle se sent !

Des conséquences pouvant être désastreuses

L'anorexie provoque un amaigrissement excessif, qui entraîne une *dénutrition* avec une importante perte de masse musculaire. Les parents peuvent se rendre compte de l'anorexie de leur ado puisque cette maladie amène une perte de poids extrême pouvant aller jusqu'à 50 % du poids normal. Cette privation alimentaire apporte d'autres conséquences physiques, notamment de l'insomnie, la chute des cheveux, une fatigue permanente, une perte de mémoire et l'arrêt des règles. Les personnes anorexiques sont souvent en hypothermie, toujours très frileuses. Si la privation est très intense, les conséquences peuvent être encore plus graves, allant jusqu'à la décalcification, une chute de la tension, l'affaiblissement des défenses immunitaires engendrant un risque accru d'infections. Ces dérèglements entraînent une hospitalisation puisque la vie de l'anorexique peut être menacée à ce stade-ci.

Malgré leur perte importante de poids, les anorexiques ont tendance à nier leur problème. Ce contrôle sur la nourriture et sur leur poids leur apporte un immense plaisir, une satisfaction qui contribue à leur estime de soi. Si vous avez l'impression que la vie de votre adolescente tourne autour de son poids, de sa minceur et de la nourriture, qu'elle se renferme de plus en plus et qu'elle perd toute motivation, alors il y a lieu de consulter. Plus les personnes sont traitées tôt, meilleures sont les chances de guérison.

Quels sont les signes d'un trouble alimentaire ?

Les troubles alimentaires sont parfois difficiles à déceler. La boulimie, contrairement à ce que l'on peut croire, n'implique pas toujours une prise de poids rapide. De plus, les boulimiques sont conscients de leurs agissements, en ont honte et voudront, par conséquent, tout faire pour les cacher.

L'anorexie est visible, surtout si elle prend des proportions graves (taille squelettique). Mais il ne faut pas attendre que notre adolescente en soit là ! Comme parents, nous devons être vigilants, savoir reconnaître les symptômes et intervenir le plus tôt possible, avant que les choses ne prennent une tournure dramatique.

Si vous avez l'impression que votre adolescente entretient une étrange relation vis-à-vis de la nourriture, soyez aux aguets. Voici les symptômes à surveiller :

Symptômes de la boulimie

* Mange tout et n'importe quoi, et ingurgite en grandes quantités.
* Se cache pour manger certains aliments (sucres, gras).
* Ne déguste pas la nourriture, mais mange très vite et avale sans trop mâcher.
* Déteste son corps (trop gros ou trop maigre).
* Est obsédée par son poids.
* Mange comme quatre à table, puis se sent coupable et veut commencer un régime.
* Pratique certaines activités physiques intenses (parfois de manière obsessionnelle) afin de limiter les effets de ses crises de boulimie sur son poids.

Symptômes de l'anorexie

* Change brutalement son alimentation.
* Mange moins et évite la table familiale (prétend manger dans sa chambre ou plus tard).
* Refuse certains aliments qui la «dégoûtent».
* Coupe ses aliments en très petits morceaux.
* N'est jamais satisfaite de son poids, voudrait en perdre toujours plus, se trouve grosse (a une perception altérée de son poids ou de ses formes).
* Se pèse régulièrement et porte des vêtements amples pour camoufler son apparence.
* S'ingère compulsivement dans l'épicerie et surveille les calories des produits achetés.
* Présente des troubles physiques progressifs (perte de cheveux, manque de concentration, fatigue, anémie et dérèglement menstruel).
* Maigrit beaucoup.
* Ne semble heureuse que lorsqu'elle perd du poids; en prendre représente sa plus grande peur.

✳ Vit quelques épisodes de crises de boulimie, suivis de vomissements provoqués.

✳ S'isole progressivement, évite les contacts sociaux et n'ose pas s'engager dans une relation amoureuse.

Quels sont les traitements offerts ?

Pour la plupart d'entre nous, parents, l'anorexie se résume souvent à une simple histoire de poids. Pourtant, elle est le signe d'un trouble psychologique plus profond qui n'est traité que trop tardivement : souvent, les consultations n'ont lieu que deux ou trois ans après l'apparition des premiers symptômes. Deux raisons principales expliquent ce délai : d'une part, l'adolescente ne se considère aucunement comme malade et nie son problème ; d'autre part, la famille croit ou espère que ce ne sera que temporaire, que les choses vont se replacer d'elles-mêmes.

L'anorexie n'est pas un problème temporaire lié à une quelconque crise d'adolescence : elle nécessite un traitement médical, psychologique et nutritionnel important.

Une intervention multidisciplinaire. Plusieurs professionnels de la santé jouent un rôle dans le rétablissement de la personne atteinte d'un trouble de l'alimentation. Le médecin généraliste assure le suivi du poids et veille au rétablissement et au maintien de la santé générale. Le psychothérapeute aide la personne à gérer les problèmes affectifs qui ont provoqué ce dérèglement. La nutritionniste rétablit l'équilibre alimentaire, introduit chaque classe d'aliments et augmente progressivement la quantité de chacune. L'hospitalisation est parfois nécessaire pour faire une coupure avec la famille et garantir un suivi plus serré menant au succès de l'intervention.

✳ **Suivi thérapeutique.** Le suivi thérapeutique est très efficace, principalement dans le cas des boulimiques. Des thérapies de groupe permettent aux jeunes filles de sortir de l'isolement et de briser le secret. Le psychologue les aide à repérer les déclencheurs, les situations et les lieux des crises afin de développer des stratégies préventives. La thérapie permet également de travailler sur les comportements inadaptés, tant dans la vie sociale que dans la famille. Dans le cas de l'anorexie, le traitement est plus complexe et difficile puisque la personne nie généralement son problème et refuse d'en parler. L'anorexie demeure encore aujourd'hui difficile à guérir complètement.

* **Médication.** La combinaison d'une thérapie avec la prise de certains médicaments est souvent indispensable à la guérison. Les médicaments sont efficaces temporairement et permettent d'éviter les rechutes. Les produits utilisés, des antidépresseurs de différentes catégories (Prozac, Seropram, Deroxat...), peuvent vraiment aider à traverser une étape difficile.

* **Suivi nutritionnel.** La diététiste ou la nutritionniste introduira progressivement certains aliments bannis de l'alimentation de l'adolescente. Pour éviter les pertes de contrôle, cette dernière devra manger de façon variée et équilibrée. L'intervenante travaillera aussi sur l'importance de s'asseoir à la table et de manger calmement 3 ou 4 repas par jour. Il faut avant tout aider l'adolescente à retrouver le *plaisir* de manger.

Un sujet pas facile à aborder avec notre ado!

Comme parents, nous pouvons nous sentir désarmés lorsque notre jeune souffre d'un trouble alimentaire. Nos tentatives pour aborder ce sujet peuvent facilement dégénérer en crises. Voici quelques pistes d'intervention:

* Mentionnez à votre adolescente que vous êtes inquiet de sa perte de poids.

* N'insistez pas à outrance sur les régimes alimentaires si votre jeune est boulimique. Prenez plutôt une approche d'accompagnateur: entraînez-vous ensemble dans un centre de conditionnement physique, allez marcher ou faire du vélo ensemble régulièrement, etc.

* Au repas, évitez d'insister pour qu'elle mange et ne faites pas référence à son poids.

* Encouragez-la, sans la brusquer, à consulter un professionnel.
* Parlez-en à son médecin traitant.
* Soyez conscient que ce qui est souvent le plus difficile pour une personne souffrant d'un trouble alimentaire, c'est d'admettre son problème.

Comme environ 10 % des anorexiques meurent des suites de complications liées à leur dénutrition ou par suicide, ne prenez pas le problème à la légère : faites appel à des professionnels le plus rapidement possible.

Les psy-trucs

1. Respecter l'appétit des adolescents : leur alimentation prend souvent l'allure de montagnes russes. Les excès, dans un sens ou dans l'autre, sont généralement normaux.
2. Accorder une grande importance aux repas en famille, car ils permettent de manger plus calmement, plus sainement, tout en favorisant la communication.
3. Consulter nos jeunes quant au choix des menus de la semaine, afin de favoriser leur participation aux repas.
4. Informer notre adolescent des principaux aliments nutritionnels requis par sa forte croissance, sans en faire un sujet de discorde continuel. Le *fast-food* occasionnel n'est pas si dramatique, après tout !
5. Prendre conscience que la boulimie et l'anorexie sont des troubles alimentaires graves qu'il faut traiter rapidement.
6. Être à l'affût de tout changement important dans l'alimentation de notre adolescent (particulièrement si c'est une fille).
7. Rester vigilant eu égard à toute perte de poids importante, signe d'un possible trouble alimentaire.
8. Consulter le plus rapidement possible si la vie de notre adolescente tourne autour de la nourriture, de son poids et de sa minceur et que certains troubles physiques surviennent (fatigue, dérèglement du cycle menstruel...).

La séparation et la famille recomposée

Les questions que tout parent se pose :

* Pourquoi la séparation est-elle plus difficile pour un adolescent ?
* Comment aider mon jeune à surmonter cette épreuve ?
* Quelle attitude dois-je adopter après la séparation ?
* La famille recomposée : est-ce plus difficile avec un adolescent ?
* Quel doit être le rôle du beau-parent ?
* Comment aider mon jeune à accepter cette nouvelle réalité ?
* Pourquoi mon adolescent refuse-t-il la garde partagée ?

Pourquoi la séparation est-elle plus difficile pour un adolescent ?

Sous leurs allures fières, rebelles et indépendantes, les adolescents cachent généralement une grande fragilité, qui est particulièrement esquintée lorsque les parents se séparent ou divorcent. Pour les enfants, peu importe leur âge, une séparation des parents est toujours difficile, mais selon certaines études, ils seraient plus durement touchés à l'adolescence, car cette séparation leur fait perdre tous leurs repères stables. Les adolescents ont assez de maturité pour être conscients des conflits qui existent dans un couple et ils les vivent parfois tout aussi intensément que leurs parents eux-mêmes. Certains se sentent même coupables et ont malheureusement l'impression que la rupture est en partie de leur faute.

De plus, comme si être un adolescent n'était pas suffisant en soi, la séparation des parents augmente sensiblement le flot de bouleversements que vit tout jeune à cet âge, au point de dépasser le seuil de tolérance et de susciter, évidemment, de fortes émotions et réactions : choc, colère, tristesse, honte...

Certains ados en sont très affectés moralement, voient tout en noir et en font même une dépression. D'autres sont très déçus de cette séparation et développent une attitude sarcastique ou désabusée face au mariage ou à l'amour : « Moi, je ne me marierai jamais », « Pfff, le véritable amour, ça n'existe pas ! ». Le divorce les amène à douter de valeurs telles que la confiance, la fidélité et l'amour.

Quelques jeunes réagissent en adoptant des comportements indésirables. Ils cherchent à « masquer » leurs sentiments ou pensent que ces gestes pourraient les aider à fuir la situation : école buissonnière ou volonté de lâcher l'école, délinquance, consommation d'alcool ou de drogues, etc.

Comment aider mon jeune à surmonter cette épreuve ?

Quand les choses ne vont pas bien dans le noyau familial, les adolescents en sont conscients, évidemment, alors rien ne sert de les exclure du processus de séparation. Par conséquent, on doit les en informer une fois que la décision est *définitive*. Il n'est pas recommandé de leur en parler sans être sûr de cette décision, sinon ils ressentiront, au quotidien, une grande insécurité, ne sachant pas ce qui va arriver. Évitez de leur fournir des détails inutiles qui concernent la relation conjugale et les raisons qui vous ont menés à cette séparation : ce sont des histoires qui concernent les parents seulement.

Les adolescents ont tout de même besoin de quelques explications de leurs parents. Ce faisant, évitez de dramatiser les choses et, surtout, ne leur demandez pas de prendre parti pour l'un ou l'autre. Expliquez-leur clairement qu'ils ne sont pas responsables de la situation, qu'ils n'y sont pour rien, et rassurez-les de votre amour respectif : les ados doivent être convaincus que chaque parent les aime et demeurera accessible malgré la séparation. Le sentiment d'abandon est très fort à cet âge, c'est pourquoi il faut tenter de réduire cet impact négatif en augmentant le nombre et la durée des contacts après la séparation.

L'annonce d'une séparation entraîne de multiples bouleversements, qui peuvent très certainement inquiéter un adolescent. Va-t-il changer de maison, de quartier ? Pourra-t-il encore voir ses amis ? Avec qui habitera-t-il ? Il faut donc se faire rassurant sur la façon dont vont se dérouler les choses et tenter, le plus possible, de ne pas tout chambarder dans son environnement ou son quotidien. L'idéal serait donc, au moins pendant la crise, de préserver le rythme de vie et les habitudes de l'ado, de l'encourager à poursuivre ses activités, à faire ce qu'il aime et, surtout, à éviter qu'il s'isole.

La communication ou le partage de son vécu avec d'autres adultes ou avec des amis peuvent très certainement aider notre adolescent à se sentir mieux. Certains jeunes hésitent à se confier ou à annoncer à leurs amis ou à leurs proches que leurs parents se séparent, par honte ou par peur de ce que les autres vont en penser. Il faut encourager notre ado à surmonter cette crainte et lui faire comprendre qu'au contraire, il est important d'en parler. Un ami qui a vécu la même chose, un parent proche, un intervenant scolaire ou un psychologue peuvent l'aider simplement en l'écoutant, en le guidant ou en l'amenant à mettre les choses en perspective.

Bien que les divorces ne laissent généralement que des traces de blessures personnelles et des mauvais souvenirs, il faut demeurer vigilant quant aux comportements ou aux réactions de nos jeunes. Le divorce des parents constitue, pour eux aussi, un processus de deuil long et souvent douloureux.

Quelle attitude dois-je adopter après la séparation ?

Il est important de minimiser les changements dans les habitudes de vie et l'environnement de notre adolescent qui, malgré ce que l'on peut parfois croire, a besoin de préserver des repères stables (éviter le déménagement, garder la même école, les mêmes amis...). Le type de relation avec l'ex-conjoint est également un facteur déterminant dans l'acceptation du divorce. Il est important de favoriser une bonne relation entre parents, dans le respect de chacun, surtout devant l'adolescent. Les jeunes sont particulièrement perturbés si les parents sont à couteaux tirés et si la séparation est vécue dans un contexte malsain où règnent les conflits et l'agressivité.

Une relation respectueuse implique également l'absence de remarques ou de critiques négatives envers l'autre parent; des propos offensants ne feraient qu'alimenter chez notre adolescent un sentiment de culpabilité dans le fait d'aimer les deux parents. Il convient donc de demeurer respectueux et même de souligner, devant l'enfant, les qualités ou les caractéristiques positives de l'ex-conjoint; cette attitude lui indiquera qu'il est normal d'aimer «ouvertement» son père et sa mère, sans contraintes et, surtout, sans qu'il ait à choisir l'un au détriment de l'autre.

Bien des adolescents dénoncent pourtant la situation suivante: leurs parents séparés ont tendance à les utiliser comme messagers. Les jeunes déplorent particulièrement le fait que les messages ne sont pas toujours très polis, ou qu'ils frôlent la critique ou la plainte. Les adolescents vivent très mal cette pression et se sentent trop souvent pris entre deux feux.

Il faut également éviter de marteler notre ado de questions lorsqu'il revient de chez «l'ex» pour ne pas qu'il se sente coincé ou obligé de tout raconter. Il est préférable de le laisser nous confier ce qu'il veut que l'on sache. Pas d'interrogatoire non plus sur les activités, les amis, la situation de l'autre parent: il ne doit pas avoir l'impression d'être un espion! Plus les parents entretiendront une relation relativement équilibrée et sous le signe de la collaboration, mieux cela vaudra pour l'adolescent.

La famille recomposée: est-ce plus difficile avec un adolescent?

La séparation est généralement suivie d'une période de changements qui demande une grande capacité d'adaptation de la part de nos adolescents. Or, quand arrive dans le décor un nouveau conjoint (parfois avec ses enfants), les jeunes doivent affronter un autre défi de taille : passer de la famille éclatée à la famille recomposée.

Plus les jeunes sont âgés, plus leur difficulté à s'adapter à la cohabitation est grande : ayant déjà vécu plusieurs années en famille (avec leurs deux parents), ils regimbent à mettre de côté tout ce bagage pour repartir à zéro dans une nouvelle fratrie. C'est donc chez les ados que la réaction peut être le plus intense en raison de leur grand besoin d'intimité, de s'affirmer et de s'opposer. La notion de territoire est aussi très importante à cet âge : mes affaires, ma chambre... Il peut donc devenir tout particulièrement difficile pour eux d'accepter la présence d'un nouveau conjoint et, pire encore, des enfants de ce dernier.

Bien que notre adolescent ne soit pas tenu d'aimer notre nouveau partenaire de vie, il se doit de lui manifester du respect en tout temps, comme il devrait le faire avec tout autre adulte. Or, l'adolescence est souvent marquée par l'irrespect, l'impolitesse, les revendications, des comportements qu'il sera malheureusement encore plus enclin à manifester envers le nouveau conjoint.

Une entrée trop hâtive ?

L'arrivée hâtive du nouveau conjoint dans la maison peut amplifier certains problèmes d'adaptation chez l'adolescent. Il doit d'abord *accepter* la séparation de ses parents avant de rencontrer le nouveau conjoint ou de penser à recomposer une nouvelle famille. Il a besoin de temps pour s'adapter à sa nouvelle situation et retrouver un certain équilibre.

L'intégration prématurée d'un nouveau conjoint risque de provoquer des réactions négatives et d'inciter notre adolescent à tout faire pour entraver (parfois inconsciemment) la bonne entente : jalousie, indifférence ou mépris face au nouveau venu ; sentiment de trahison, conflit avec le parent ; interventions déplacées dans l'intimité du nouveau couple ; provocation de disputes, désobéissance face aux règles que le nouveau conjoint tente d'établir ; etc.

L'établissement d'une nouvelle famille se déroule généralement mieux lorsque la séparation est effective depuis un certain temps et que le parent a connu une période de solitude. Dans ce cas, l'arrivée d'un nouveau conjoint est alors perçue comme un « soulagement » en ce qui a trait aux tâches et aux responsabilités, et votre jeune ne risque pas d'imputer à ce dernier la séparation des parents.

Bref, les jeunes qui n'ont pas eu le temps de guérir les blessures causées par la rupture de leurs parents sont ceux qui ont le plus de difficulté à accepter le nouveau conjoint et qui montrent le plus de résistance à son arrivée.

Une introduction progressive

L'introduction du nouveau conjoint devrait se faire très progressivement, en commençant, par exemple, par de courtes rencontres (des croisements) dont la fréquence et la durée pourront augmenter peu à peu. Ne tentez donc pas d'*imposer* brusquement votre nouveau partenaire. Créez plutôt des occasions d'inclure *graduellement* votre adolescent dans votre relation et vos activités afin de permettre au nouveau venu de se familiariser avec lui et que chacun « s'apprivoise ». Si vous songez à la cohabitation, assurez-vous que votre jeune a d'abord eu l'occasion de tisser des liens avec votre partenaire (au cours d'une cohabitation de fin de semaine peut-être ?).

Quel doit être le rôle du beau-parent ?

Comme toute forme de contrôle ou d'autorité est menaçante aux yeux de bien des adolescents, l'arrivée d'un nouveau conjoint dans le décor peut poser problème. Son intégration dans la famille constitue par conséquent une phase délicate qui demande beaucoup de doigté.

Bien des conjoints trouvent difficile de juger les limites à respecter en tant que beaux-parents et se heurtent malheureusement à de fortes réactions de la part des adolescents. Ce qu'il faut comprendre, c'est que, bien souvent, le jeune conteste le rôle ou la place que le beau-parent prend et non sa présence en soi. Ce dernier ne doit pas interpréter cette attitude de rejet comme une attaque personnelle, mais plutôt la considérer comme une occasion de prendre un peu de recul afin de réévaluer son rôle au sein de la famille recomposée.

Le nouveau conjoint ne doit pas chercher à remplacer le parent biologique. Sa façon d'intervenir auprès des enfants du conjoint doit toujours être en accord avec ce dernier et respecter les valeurs inculquées depuis l'enfance ; les décisions importantes sont laissées au parent biologique. Comme il n'exerce pas d'autorité parentale à proprement parler, son rôle devrait plutôt se limiter à soutenir les décisions du parent biologique et à exercer une « autorité de proximité », c'est-à-dire à appliquer au quotidien les règles de base de la « charte familiale », des règles communes et entendues.

Bien que le beau-parent doive témoigner de la tolérance et de la patience envers les enfants du conjoint, il doit savoir exiger d'eux un minimum de respect, respect qu'ils doivent manifester envers tout autre adulte également. Il doit rester ferme sur ce point et, en cas de conflits, laisser préférablement au parent le soin d'intervenir et même de sévir, s'il y a lieu. Il est naturel d'obtenir l'appui du parent biologique dans ce maintien du respect et de le laisser faire les interventions qui s'imposent. Par ailleurs, à l'arrivée d'un nouveau conjoint, le parent biologique ne doit pas modifier son rôle parental et s'en remettre dorénavant à son nouveau partenaire pour les interventions auprès de ses enfants.

Il est parfois difficile de savoir où tracer les limites du rôle de beau-parent, mais dans le doute, il doit choisir de « se mêler de ses propres affaires », rester prudent et prendre un peu de recul afin d'éviter les débordements, qui risqueraient de mettre en péril la relation avec les enfants du conjoint.

Une charte familiale commune

La famille recomposée est très souvent idéalisée par les conjoints, qui croient que, parce qu'ils sont amoureux et filent le parfait bonheur en couple, il en sera de même en famille recomposée. Malheureusement, ce n'est pas toujours le cas puisque le quotidien les « rattrape » bien rapidement, avec tous les tracas qui le composent. « Moi, je ne tolère pas que mes ados mangent devant la télé », « Tes enfants sont mal élevés », « Pourquoi tu le laisses te parler ainsi ? », « Ton fils est insolent avec moi ! »... Voilà des situations qui peuvent alourdir la tentative de vie commune. Le nouveau couple a donc tout intérêt à discuter de ces différences et à établir un mode de fonctionnement et des règles communes *avant* la cohabitation. Cette charte familiale constitue les fondements de toute famille recomposée.

Éviter de remplacer le parent absent

Si vous recomposez une famille, prenez soin d'expliquer à votre ado que votre nouveau conjoint ne remplacera pas son père ou sa mère (ce que les jeunes verbalisent très souvent lors de conflits : « Ce n'est pas de tes affaires, tu n'es pas mon père ! »). Cette délicatesse de votre part permettra de minimiser le *conflit de loyauté* que votre adolescent pourrait ressentir, conflit qui l'empêcherait d'accepter le nouveau conjoint et de s'investir dans cette relation par peur de blesser son vrai père ou sa vraie mère. D'où l'importance de bien lui faire comprendre que personne n'est là pour remplacer l'autre parent. Le nouveau partenaire devra d'ailleurs faire preuve de patience et éviter de jouer un rôle d'autorité pour ne pas nuire à la relation.

Et s'il n'aime pas mon nouveau conjoint ?

Naturellement, les adolescents n'ont pas à décider de la vie privée de leurs parents, ni à accepter ou non que ces derniers aient un nouveau conjoint. Il faut toutefois tenir compte du fait qu'ils sont concernés par les changements que cela impliquera dans leur vie et, par conséquent, ne jamais leur « imposer » un nouveau conjoint coûte que coûte.

En cas de discorde ou de guerre froide, il faut d'abord montrer à notre adolescent qu'on est ouvert à la discussion et le laisser s'exprimer, sans prendre immédiatement position ou se mettre sur la défensive. Le but est de continuer à demeurer un parent pour notre jeune qui a besoin d'encadrement, d'amour et de soutien face à ce changement de taille. L'adolescent n'est pas encore un adulte et il a besoin de sentir *qu'il aura toujours ce lien privilégié avec son parent.* Il ne doit jamais douter de la place qu'il tient dans notre cœur et dans notre vie, et ce, même avec l'arrivée d'une nouvelle personne significative.

Par la suite, il s'agit d'évaluer la situation et de cerner le problème. Le nouveau venu prend-il trop de place ? Est-il trop autoritaire ? Si c'est le cas, il faudra peut-être revoir son approche. Est-ce que mon jeune ressent de la jalousie ? Est-ce un problème d'adaptation ou simplement de la mauvaise volonté de sa part ? Dans ce cas, dites-lui que vous saisissez très bien que ce n'est pas facile pour lui, mais que chacun devra mettre un peu d'eau dans son vin pour y arriver ; faites-lui comprendre qu'il a le droit de ne pas apprécier votre nouveau partenaire de vie, mais qu'il doit néanmoins le respecter.

Comment aider mon jeune à accepter cette nouvelle réalité ?

L'arrivée d'un nouveau conjoint, la cohabitation et la recomposition d'une famille sont certes des événements qui peuvent affecter nos adolescents. Il faut donc, à juste titre, leur laisser le temps de s'adapter et les aider en étant présent et *attentif à leurs besoins.* Contrairement aux adultes séparés, *l'adolescent ne se sépare pas émotionnellement de ses parents,* ce qui en fait une épreuve beaucoup plus difficile pour lui. Les parents doivent donc faire en sorte que cet événement soit le moins « pénalisant » possible pour lui.

Rester à l'écoute et éviter de mettre de la pression
Soyez attentif aux réactions de votre adolescent ; faites preuve d'ouverture et respectez ses manifestations (dans le respect) alors qu'il s'adapte à sa famille recomposée. Donnez-lui le droit de verbaliser ce qui le dérange, et ce, même si vous n'aimez pas ce qu'il affirme (par exemple, qu'il n'aime pas votre nouveau conjoint, un de ses enfants ou sa nouvelle chambre...). Ne vous mettez pas sur la défensive et ne lui imposez pas cette pression que bien des parents alimentent : *qu'il ressente à tout prix le même niveau de joie et de bonheur que vous éprouvez en tant que nouveau couple.* Cette pression est malsaine : si l'adolescent réagit mal, vous lui donnez l'impression qu'il contribue à « gâcher » ce que vous essayez de bâtir. Évitez de mettre ce fardeau sur les épaules de votre ado ! « Est-ce que tu fais exprès pour tout gâcher ? », « Tu ne veux pas que je sois heureuse ? », voilà des phrases très révélatrices d'un manque d'écoute à sa détresse.

L'arrivée des enfants du nouveau conjoint
La rivalité entre frères et sœurs est un phénomène normal qui se traduit souvent par de fréquentes querelles. La situation n'est certainement pas différente au sein des familles recomposées, dans lesquelles les jeunes doivent maintenant partager leur quotidien avec de nouveaux « frères » ou « sœurs » par alliance. Comme ils n'ont pas d'histoire commune, de vécu commun, qu'ils ont des habitudes, des mentalités et des valeurs différentes, une certaine distance peut perdurer entre eux et devenir source de conflits ou de querelles. Qui plus est, la notion de partage de l'espace et le besoin d'intimité de chacun sont des éléments très importants pour un adolescent et constituent probablement une source importante de frustrations dans la maison. Les membres de la famille qui accueillent peuvent se sentir envahis par l'arrivée des enfants du nouveau conjoint. Avant d'emménager ensemble, vous devrez donc planifier adéquatement cet aspect afin de tenir compte du besoin d'intimité de chacun.

Malgré tout, si les disputes persistent et qu'il y a mésentente chronique entre les enfants, il est possible de faire appel à un intervenant (psychologue, travailleur social, par exemple) afin de trouver des moyens supplémentaires pour stabiliser la situation. En bout de ligne, il ne faut pas oublier que, dans toute famille, la rivalité et les querelles dans la fratrie sont monnaie courante, et ce sera également le cas dans les familles recomposées. Soyez patient, respectez le rythme de chacun et, tout en exigeant un minimum de respect, laissez aux jeunes le temps de s'apprivoiser et de se connaître. Progressivement, le vécu partagé contribuera à établir une forme de complicité et créera les souvenirs communs, qui aideront à tisser les liens de la famille recomposée.

Préserver le lien privilégié avec son ado
Que ce soit en famille recomposée ou simplement à l'arrivée d'un nouveau conjoint dans votre vie, maintenez un contact étroit avec votre adolescent pour ne pas qu'il se sente délaissé. Plusieurs parents tombent pourtant dans le panneau : dans le but louable que la nouvelle relation amoureuse fonctionne et soit un succès, certains y concentrent toutes leurs énergies et mettent par conséquent de côté leur relation avec leurs propres enfants, brisant ainsi le lien qui les unit. Nos enfants doivent toujours demeurer notre priorité. N'hésitez pas à faire des activités seul avec vos propres jeunes. N'hésitez pas non plus à susciter des occasions de recréer la fratrie d'avant. Les ados ont besoin de sentir que le noyau de base existe toujours. C'est une sécurité qui leur permet de mieux accepter la vie avec le reste de la tribu.

Être attentif aux signes de détresse
Les changements de comportement de votre adolescent peuvent vous signaler qu'il a besoin d'écoute et d'aide. S'il est fragile émotionnellement, triste, agressif, s'il est plus renfermé sur lui-même, ne communique plus, s'isole, n'a plus le goût de jouer ou d'aller à l'école, s'il a

perdu l'appétit, parlez-en avec lui afin de comprendre ce qui ne va pas et de réajuster le tir dans le processus de recomposition familiale, s'il y a lieu. N'interprétez pas ces comportements comme des gestes de manipulation, voyez-les plutôt comme des signes de détresse. À titre de parent, c'est à vous de les identifier et d'aider votre adolescent à retrouver son équilibre émotionnel.

Nos enfants devraient toujours être notre priorité et passer avant toute autre chose!

La famille recomposée n'est pas une structure qui fonctionne instantanément, c'est plutôt un processus qui se prépare, se vit, se bâtit au fil des jours, et qui demande des réajustements *constants*, surtout avec des adolescents qui vivent eux-mêmes de grands bouleversements intérieurs. Le temps demeure notre meilleur allié. Nous devons, chemin faisant, rester à l'écoute de nos jeunes et les soutenir dans cette nouvelle vie qui sera dorénavant la leur.

Pourquoi mon adolescent refuse-t-il la garde partagée?

L'adolescence est vraiment une période charnière en ce qui concerne la garde partagée. Les jeunes sont à un âge où ils ont un certain pouvoir décisionnel, où ils peuvent accepter ou refuser la garde partagée et choisir eux-mêmes avec qui ils désirent poursuivre leur chemin. D'ailleurs, la majorité des ados remettent en question la garde partagée ou réclament des ajustements et plus de flexibilité.

L'adolescence étant marquée par la recherche d'autonomie, le jeune sent le besoin de se détacher un peu de la vie familiale, de sorte que le partage de sa vie moitié-moitié avec chacun de ses parents devient pour lui inconcevable et contrevient, d'une certaine façon, à son besoin de bâtir sa propre vie. Plusieurs choisissent donc de s'établir chez un seul parent et mettent ainsi un terme à la garde partagée.

Il est important d'être attentif aux demandes de notre adolescent, y compris celle d'apporter des modifications aux modalités de garde, qui ont bien souvent été établies alors qu'il était enfant. Ces conditions ne répondent sans doute plus à ses attentes ou à sa réalité : changement sur le plan scolaire, emploi à temps partiel, nouvelles activités, ami ou amie de cœur... Si l'arrivée d'un nouveau conjoint est une source de conflit ou de tension, l'adolescent peut être d'autant plus motivé à faire une telle requête, mais il ne faut pas voir sa démarche comme une forme de rejet des parents en soi. Les relations houleuses entre les deux parents peuvent également le pousser à choisir de s'établir définitivement chez un seul d'entre eux, évitant (ou du moins minimisant) ainsi les occasions d'être pris entre deux feux.

Pour ne pas décevoir leur père ou leur mère, certains ados hésitent à verbaliser leurs besoins ou à montrer leur insatisfaction, voire leur souffrance. C'est pourquoi il faut demeurer à l'écoute de notre jeune pour voir ce qui lui conviendrait le mieux et lui expliquer que l'on ne sera pas triste ni en colère s'il préfère plus de stabilité. Il faut accepter, comme parent, que l'on ne peut pas tout contrôler (comme quand il était petit) et respecter son choix, même si cela peut être déchirant.

Les psy-trucs

1. Prendre conscience qu'une séparation des parents peut susciter de fortes réactions et émotions chez l'adolescent. Elle peut être particulièrement bouleversante s'il est déjà fragilisé par les grands changements liés à l'adolescence.
2. Être attentif à la culpabilité que notre jeune, comme bien des ados, peut ressentir à la séparation de ses parents.
3. Minimiser les changements dans les habitudes de vie et l'environnement de notre adolescent. Malgré ce que l'on peut croire, il a besoin de préserver ses repères stables et bien établis depuis des années.

4. Laisser à notre ado le temps de s'adapter à sa nouvelle situation familiale avant de lui présenter un nouveau conjoint ou d'entamer une cohabitation avec ce dernier.

5. Favoriser l'introduction *progressive* du nouveau conjoint dans la vie de notre jeune.

6. Faire preuve de patience : plus les jeunes sont âgés et plus leur difficulté à s'adapter à la cohabitation est grande.

7. Accepter que notre adolescent verbalise qu'il n'aime pas notre nouveau conjoint, s'il y a lieu, et tenter d'ajuster le tir. Il ne doit jamais douter de la place qu'il tient dans notre cœur et dans notre vie, et ce, même à l'arrivée d'un nouveau partenaire de vie.

8. Rester à l'écoute de notre jeune et ouvert à ses manifestations ou à ses réactions négatives. Éviter de lui mettre de la pression concernant le succès de notre nouvelle vie de couple et familiale.

9. Avant d'emménager ensemble, bien planifier le partage des espaces communs et l'intimité de chacun des enfants au sein de la nouvelle famille.

10. En tant que beau-parent, ne pas tenter de remplacer la mère ou le père du jeune. Le rôle du beau-parent n'est pas d'exercer l'autorité parentale, mais de soutenir le conjoint sur ce plan.

11. Respecter les moments exclusifs de notre conjoint avec ses enfants et, surtout, ne pas se placer entre eux ou, pire encore, créer de la compétition !

12. Surveiller les changements de comportement chez notre ado qui nous indiqueraient qu'il a de la difficulté à s'adapter à cette nouvelle réalité (isolement, perte d'appétit, démotivation générale...).

13. Accepter que notre jeune remette en question les modalités de garde : c'est un adolescent et, à ce titre, il a des besoins très différents de ceux des enfants plus jeunes.

Bibliographie

BÉLANGER, Robert. *Parents d'adolescents*, Lambton (Québec), Éditions Robert Bélanger, 2006.

_____. *Parents en perte d'autorité*, Lambton (Québec), Éditions Robert Bélanger, 1987.

BENOÎT, Joe-Ann. *Le défi de la discipline familiale : boîte à outils pour rendre les enfants heureux*, Montréal, Éditions Quebecor, 2011.

CHABROL, Henri. *L'anorexie et la boulimie de l'adolescente*, Paris, Presses universitaires de France, 1991.

DELAGRAVE, Michel. *Ados : mode d'emploi*, Montréal, Éditions de l'Hôpital Sainte-Justine, 2005.

DUCLOS, Germain. *Guider mon enfant dans sa vie scolaire*, Montréal, Éditions du CHU Sainte-Justine, 2006.

FIZE, Michel. *Antimanuel d'adolescence : toute la vérité rien que la vérité sur les adolescents*, Montréal, Les Éditions de l'Homme, 2009.

HÉRIL, Alain. *Les ados, l'amour et le sexe*, Saint-Julien-en-Genevois, Éditions Jouvence, 2011.

LANGEVIN, Brigitte. *Une discipline sans douleur : dire non sans marchandage, sans cris et sans fessée*, Boucherville, Éditions de Mortagne, 2010.

Larouche, Gisèle. *Du nouvel amour à la famille recomposée : la grande traversée*, Montréal, Les Éditions de l'Homme, 2001.

Linder, Marie-Dominique et Théo Linder. *Familles recomposées : guide pratique*, Paris, Éditions Hachette, 2004.

Marcelli, Daniel et Carine Baudry. *Qu'est-ce que ça sent dans ta chambre ?*, Paris, Éditions Albin Michel, 2006.

Newman, Margaret. *Les réalités des familles reconstituées : comment surmonter les difficultés et vivre en harmonie*, Outremont, Éditions du Trécarré, 2000.

Reny, Pascale. *Vivre en famille recomposée : le couple, les ex-conjoints, le rôle de beau-parent, la famille et l'environnement*, Montréal, Éditions Quebecor, 2009.

Robert, Jocelyne. *Full sexuel : la vie amoureuse des adolescents*, Montréal, Les Éditions de l'Homme, 2002.

_____. *Parlez-leur d'amour et de sexualité*, Montréal, Les Éditions de l'Homme, 1999.

Saint-Jacques, Marie-Christine et Claudine Parent. *La famille recomposée : une famille composée sur un air différent*, Montréal, Éditions de l'Hôpital Sainte-Justine, 2002.

Schapiro-Niel, Anne. *A.D.O.S. : des conseils et des témoignages de parents pour ne jamais rompre le fil de la communication*, Paris, Éditions Marabout, 2003.

Tremblay, Jean-Guy. *Comment vivre en harmonie avec votre adolescent et avec vous*, Montréal, Éditions Logiques, 2006.

Remerciements

Merci à mon partenaire de vie Michel de toujours croire en mes multiples projets. Merci tout spécialement de m'avoir soutenue et motivée à poursuivre cette série des « Psy-trucs » aux moments plus difficiles. Nos discussions si enrichissantes sur l'éducation et ta vision comme père ont sans contredit bonifié ces livres. Sans ton investissement incommensurable, tout cela n'aurait pas été possible. Merci d'apporter du calme dans ma vie, qui peut parfois être étourdissante !

Affectueusement,
Suzanne xx

Gabrielle, Louis-Alexandre et Antoine, le jour de votre naissance a marqué ma vie à jamais ; depuis, vous êtes ma plus grande fierté.

Merci pour ces discussions animées lors des repas familiaux...
Merci de me demander de vous cuisiner vos mets préférés...
Merci de venir me réveiller pour me raconter vos petits bouts de soirée...
Merci de me répéter plusieurs fois par jour : « Maman, est-ce que... ? »
Merci de m'avoir permis de vivre ce rôle que j'adore : être votre mère.
Merci de faire partie de ma vie !

Pendant la rédaction de cette série, vous êtes devenus de jeunes adultes rayonnants et authentiques. Cela me remplit d'admiration. Souvenez-vous de toujours croire en vos rêves et entourez-vous de gens qui vous permettront de les réaliser.

Avec amour,
Maman xx

Toute ma reconnaissance à l'équipe des Éditions de l'Homme d'avoir cru en ce projet et de m'avoir accueillie si chaleureusement. Merci de m'avoir permis de vivre cette belle aventure au sein de votre famille. Un merci bien spécial à Erwan pour ton écoute et ton soutien tout au long de ces cinq dernières années.

Amicalement,
Suzanne

Table des matières

Autres sujets applicables aux ados et traités dans le tome 4 des Psy-trucs

Suivez-nous sur le Web

Consultez nos sites Internet et inscrivez-vous à l'infolettre pour rester informé en tout temps de nos publications et de nos concours en ligne. Et croisez aussi vos auteurs préférés et notre équipe sur nos blogues !

EDITIONS-HOMME.COM
EDITIONS-JOUR.COM
EDITIONS-PETITHOMME.COM
EDITIONS-LAGRIFFE.COM

Marquis imprimeur inc.

Québec, Canada
2012

Achevé d'imprimer au Canada
sur papier Enviro 100 % recyclé